ROM
STADTABENTEUER

SABINE BECHT
SVEN TALARON

DIE AUTOREN:

**+++ SABINE BECHT +++
+++ SVEN TALARON +++**

STUDIUM DER AMERIKANISTIK UND KOMMUNIKATIONSWISSENSCHAFT (SABINE BECHT) BZW. DER GESCHICHTE UND GERMANISTIK (SVEN TALARON) +++ SEIT 1997 BZW. 2003 AUTOREN IM MICHAEL MÜLLER VERLAG +++ REISEGEBIETE: ITALIEN (SEIT 2001 MM-CITY ROM), MECKLENBURG-VORPOMMERN, ÖSTERREICH, GRIECHENLAND +++ PREMIO ENIT FÜR ABRUZZEN (2015) +++ ITB-AWARDS FÜR PIEMONT & AOSTATAL (2009), FÜR USEDOM UND RÜGEN (BEIDES 2016) SOWIE MECKLENBURG-VORPOMMERN (2018) +++

ROM KANN BEIDES IN VOLLENDUNG:

Faszinierend schön sein und einem den letzten Nerv rauben. Das aber mit einer Grandezza, der wir uns nicht entziehen können. Vielleicht hat das etwas mit dem Alter zu tun: Wer bald 3.000 Jahre auf den sieben Buckeln hat, muss sich nicht mehr groß anstrengen, um seinen Gästen zu gefallen. Das läuft so nebenbei. Wenn diese (also wir) etwa beim Picknick im Park eine wunderbar grüne und stille Stadt erleben. Oder in den düsteren Kellern alter Palazzi über das Luxusleben der alten Römer staunen. Oder in der Suburbia mit jungen Römern großartige Gegenwartskunst bewundern.
Um den nervraubenden Großstadtstress konnten wir mit den Stadtabenteuern jedenfalls einen großen Bogen machen. Probieren Sie auch es aus!

Sabine Becht und Sven Talaron,
Rom – Stadtabenteuer

DER HERAUSGEBER:

WIE NÄHERT MAN SICH EINER WELTSTADT MAL ANDERS?

Dieser Gedanke sprang mir regelrecht in den Sinn, als meine Frau Berit und ich im Honeymoon in Amsterdam unterwegs waren. Wir wollten die Stadt wirklich kennenlernen. Nicht über Sehenswürdigkeiten, sondern durch Erlebnisse.

So entstanden die *Stadtabenteuer*: acht Bücher zu acht Metropolen, von denen ich selbst eines schreiben durfte (den Band zu Hamburg). Als Berit schließlich die Grafik dieser neuen Reihe erfand, ergab sich alles andere von selbst.

Mindestens die Hälfte der in dieser Reihe beschriebenen Erlebnisse sind kostenlos oder günstig (12 Euro oder weniger), einige familienfreundlich, wobei man sie selbstverständlich auch allein, zu zweit oder mit Freunden unternehmen kann. Sie spielen in bekannten Stadtteilen. Nur im letzten Kapitel geht es ein wenig weiter raus.

Dass ausgewählte reisepraktische Tipps und die wichtigsten Sights und Spots hinzukamen (»Wenn man schon mal hier ist«), versteht sich von selbst, wenn man für Michael Müller schreibt: den Verleger für alternative Reiseführer.

Matthias Kröner,
Herausgeber der *Stadtabenteuer*
und Reisebuchautor

VORWORT	2
ANKOMMEN	10
RUMKOMMEN	11

1 ZWISCHEN TERMINI UND VILLA BORGHESE — 12

GÜNSTIG — **ZWISCHEN SUPPLÌ UND SUSHI** — 16
Auf einen Snack in den Mercato Centrale

KOSTENLOS, FAMILIENFREUNDLICH — **ENTDECKUNG DER LANGSAMKEIT** — 20
Die Linea Clementina

GÜNSTIG, FAMILIENFREUNDLICH — **BIS AUF DIE KNOCHEN** — 24
Das skurrile Kunstverständnis der Kapuzinermönche

DAS SCHÖNSTE MUSEUM DER WELT — 28
Die Galleria Borghese

WENN MAN SCHON MAL ZWISCHEN TERMINI UND VILLA BORGHESE IST — 32
Sehen
Essen
Ausgehen
Shoppen
Schlafen

2 ANTIKE — 40

GÜNSTIG, FAMILIENFREUNDLICH
ZWEI UPPERCLASS-IMMOBILIEN AUS DER KAISERZEIT — 44
Le Domus Romane im Palazzo Valentini

DIE TODGEWEIHTEN GRÜSSEN DICH — 48
Eine Führung in den Backstagebereich des Kolosseums

KAISER NEROS EIGENHEIM — 52
Eine Führung durch die Domus Aurea

GROSSE OPER VOR ANTIKER KULISSE — 56
Ein Sommerabend in den Caracalla-Thermen

WENN MAN SCHON MAL IN ROMS ANTIKE IST — 60
Sehen
Essen
Ausgehen
Shoppen
Schlafen

3 CENTRO STORICO I: UM CAMPO DE' FIORI UND DAS JÜDISCHE VIERTEL — 68

GÜNSTIG
ZWISCHEN VERGEBLICHKEIT UND SCHLEUDERTRAUMA — 72
Stadtbus fahren in Rom – nichts für Leute mit Terminen

| GÜNSTIG | **DURCH DAS JÜDISCHE ROM** | 76 |

Ein geführter Spaziergang
durch das ehemalige Ghetto

| KOSTENLOS. FAMILIEN- FREUNDLICH | **MEISTERHAFT!** | 80 |

Die Konzerte der Schüler des Conservatorio S. Cecilia

EIN ABEND IM SPEAKEASY 84

The Jerry Thomas Project

WENN MAN SCHON MAL IM CENTRO STORICO I IST 88

Sehen
Essen
Ausgehen
Shoppen
Schlafen

4 CENTRO STORICO II: VON DER PIAZZA DEL POPOLO BIS ZUR PIAZZA VENEZIA 96

| KOSTENLOS. FAMILIEN- FREUNDLICH | **BERNINI VOR ACHT** | 100 |

Ein Spaziergang zu Berninis Skulpturen
und Brunnen in der Innenstadt

MIT DEM PRINZEN AUF AUDIOTOUR 104

Ein Besuch im Palazzo Doria Pamphilj

| KOSTENLOS | **SCHMUTZIGE FÜSSE UND EIN BEHUTSAMES PFERD** | 108 |

Zu Caravaggios Kunst in den Kirchen Roms

GÜNSTIG	**ZU HAUSE BEI DEN DE CHIRICOS** Wohnung und Atelier des Malers an der Spanischen Treppe	112
KOSTENLOS, FAMILIEN- FREUNDLICH	**VERBLASSTER MYTHOS** Ein Päuschen auf der Spanischen Treppe	116
	WENN MAN SCHON MAL IM CENTRO STORICO II IST Sehen Essen Ausgehen Shoppen Schlafen	120

5 VATIKAN UND ENGELSBURG — 128

FAMILIEN- FREUNDLICH	**FLÜCHTENDE UND VERLIEBTE PÄPSTE** Unterwegs auf dem Passetto	132
GÜNSTIG, FAMILIEN- FREUNDLICH	**DEM HIMMEL ENTGEGEN** Ein Aufstieg auf die Kuppel der Peterskirche	136
KOSTENLOS	**PILGERZIEL PETERSPLATZ** Zur Generalaudienz des Papstes	140
	APOSTOLISCHE SOMMERFRISCHE Mit dem Papstzug nach Castel Gandolfo	144
	WENN MAN SCHON MAL IM VATIKAN UND BEI DER ENGELSBURG IST Sehen Essen Ausgehen Shoppen Schlafen	148

6 TRASTEVERE UND MONTEVERDE — 156

KOSTENLOS, FAMILIENFREUNDLICH
KANONENDONNER VOM GIANICOLO — 160
Il Cannone

GÜNSTIG, FAMILIENFREUNDLICH
HIMMLISCHE STILLE IM JAPANISCHEN GARTEN — 164
Ein Rundgang im Orto Botanico

GÜNSTIG
NIGHTSEEING MIT COCKTAIL — 168
Römisches Nachtleben am Tiberufer

FAMILIENFREUNDLICH
DAS SÜSSE NICHTSTUN — 172
Ein sonntägliches Picknick im Park Villa Doria Pamphilj

WENN MAN SCHON MAL IN TRASTEVERE UND MONTEVERDE IST — 176
Sehen
Essen
Ausgehen
Shoppen
Schlafen

7 TESTACCIO UND OSTIENSE — 184

OCHSENSCHWANZ-PASTA, KUTTELN UND LÄMMERDARM — 188
Römisches Armeleuteessen: Il Quinto Quarto

JAZZ UND LAUE SOMMERABENDE 192
Ein Abend in der Casa del Jazz

WENN MAN SCHON MAL IN TESTACCIO UND OSTIENSE IST 196
Sehen
Essen
Ausgehen
Shoppen
Schlafen

8 AUSSERHALB DER STADTMAUERN 204

KOSTENLOS, FAMILIENFREUNDLICH
ZWISCHEN GYROS-PITA UND SPARWASSER 208
Ein Abend im Szeneviertel Pigneto

GÜNSTIG, FAMILIENFREUNDLICH
DAS LABYRINTH IM TUFFSTEIN 212
Die Priscilla-Katakomben an der Via Salaria

FAMILIENFREUNDLICH
STREET-ART AUF RÖMISCH 216
Ein geführter Murales-Rundgang in Torpignattara

KOSTENLOS
ÄSTHETIKVORSTELLUNGEN DES FASCHISMUS 220
Ein Streifzug durch EUR

FAMILIENFREUNDLICH
DIE STADT DER ILLUSIONEN 224
Ein Besuch in der Filmstadt Cinecittà

GÜNSTIG, FAMILIENFREUNDLICH
ALLE WEGE FÜHREN NACH ROM 228
Radtour im Parco degli Acquedotti und auf der Appia Antica

WENN MAN SCHON MAL AUSSERHALB DER STADTMAUERN IST 232
Sehen, Essen, Ausgehen, Shoppen, Schlafen

ANKOMMEN

+++ KNAPP 2.9 MILLIONEN MENSCHEN LEBEN IN DER STADT AM TIBER, DER ETWA 30 KILOMETER SÜDWESTLICH VON ROM BEI LIDO DI OSTIA INS TYRRHENISCHE MEER MÜNDET +++ DIE STADTFLÄCHE BETRÄGT 1.285 QUADRATKILOMETER, DIE DES VATIKAN 0,44 QUADRATKILOMETER +++ IM DURCHSCHNITT TEILEN SICH 2.236 EINWOHNER EINEN QUADRATKILOMETER +++ DIE STADT IST IN 15 MUNICIPI (STÄDTISCHE VERWALTUNGSEINHEITEN) UNTERTEILT +++ DAS DURCHSCHNITTSEINKOMMEN LIEGT BEI 26.000 EURO FÜR SINGLES UND CA. 39.000 EURO FÜR FAMILIEN +++ GRÖSSTER ARBEITGEBER DER STADT IST DER ENERGIEKONZERN ENEL +++ ROM HAT DREI ÖFFENTLICHE UNIVERSITÄTEN +++ TOURISTENBOOM: ETWA 14,5 MILLIONEN ÜBERNACHTUNGSGÄSTE KOMMEN PRO JAHR UND BLEIBEN IM SCHNITT 2,4 NÄCHTE +++

WENN MAN IN ROM ANKOMMT:

Rom hat zwei Flughäfen, den kleinen, zentrumsnahen **Ciampino** und den deutlich größeren, weit außerhalb am Meer gelegenen **Fiumicino**. Beide sind durch öffentliche Verkehrsmittel (Bahn/Bus) gut mit dem Zentrum verbunden. So erreicht man ab Fiumicino mit dem Zug den **Hauptbahnhof Termini** in 32 Minuten. Dieser liegt am östlichen Rand des Centro Storico, alle wichtigen Züge kommen hier an. Auswärtige Autos dürfen nicht in die zugangsbeschränkte Altstadt fahren!

++++++++++ **RUMKOMMEN** ++++++++++++

UNTERWEGSSEIN in Rom lohnt sich mit einem **Wochenticket** für **24 Euro**, wenn man mindestens vier Tage in der Stadt ist (**72 Stunden: 18 Euro, 48 Stunden: 12,50 Euro**). Ein **Einzelticket** kostet **1,50 Euro** und ist 100 Minuten gültig. Kinder bis 10 Jahre fahren umsonst. Tickets gibt es am Automaten, bei Zeitungsläden, Kiosken und Bars/Tabakläden mit atac-Aufkleber.

Die römischen Verkehrsbetriebe (atac) sind berüchtigt: Oft uralte Busse kommen, wann sie wollen, mehr Zuverlässigkeit bieten **Metro** und **Tram**, doch gibt es gerade mal drei bzw. sechs Linien. Verkehrsknotenpunkte des Zentrums sind **Stazione Termini** (auch Metro); **Piazza Venezia** und **Largo Argentina** für die metrofreie Altstadt. Um sich im römischen Bus-Dschungel zurechtzufinden, ist die Seite muoversiaroma.it unverzichtbar!

ROM IST (BISLANG) KEINE FAHRRADSTADT. besonders von den viel befahrenen Straßen rund ums Zentrum sollte man sich fernhalten, zumal Fahrradwege fehlen! Ein paar wenige schöne Radtouren kann man dennoch unternehmen, etwa auf der »Pista ciclabile« am Tiberufer, in der Villa Borghese oder durch den Parco degli Acquedotti und auf der Via Appia Antica (siehe S. 228). Das Centro Storico ist zwar verkehrsbeschränkt, doch gibt es auch hier fast keine Fahrradwege, dafür holpriges Kopfsteinpflaster. Fahrradverleih z. B. bei bicibaci.com nahe Bahnhof.

1
ZWISCHEN TERMINI UND VILLA BORGHESE

+++ ERLEBEN +++

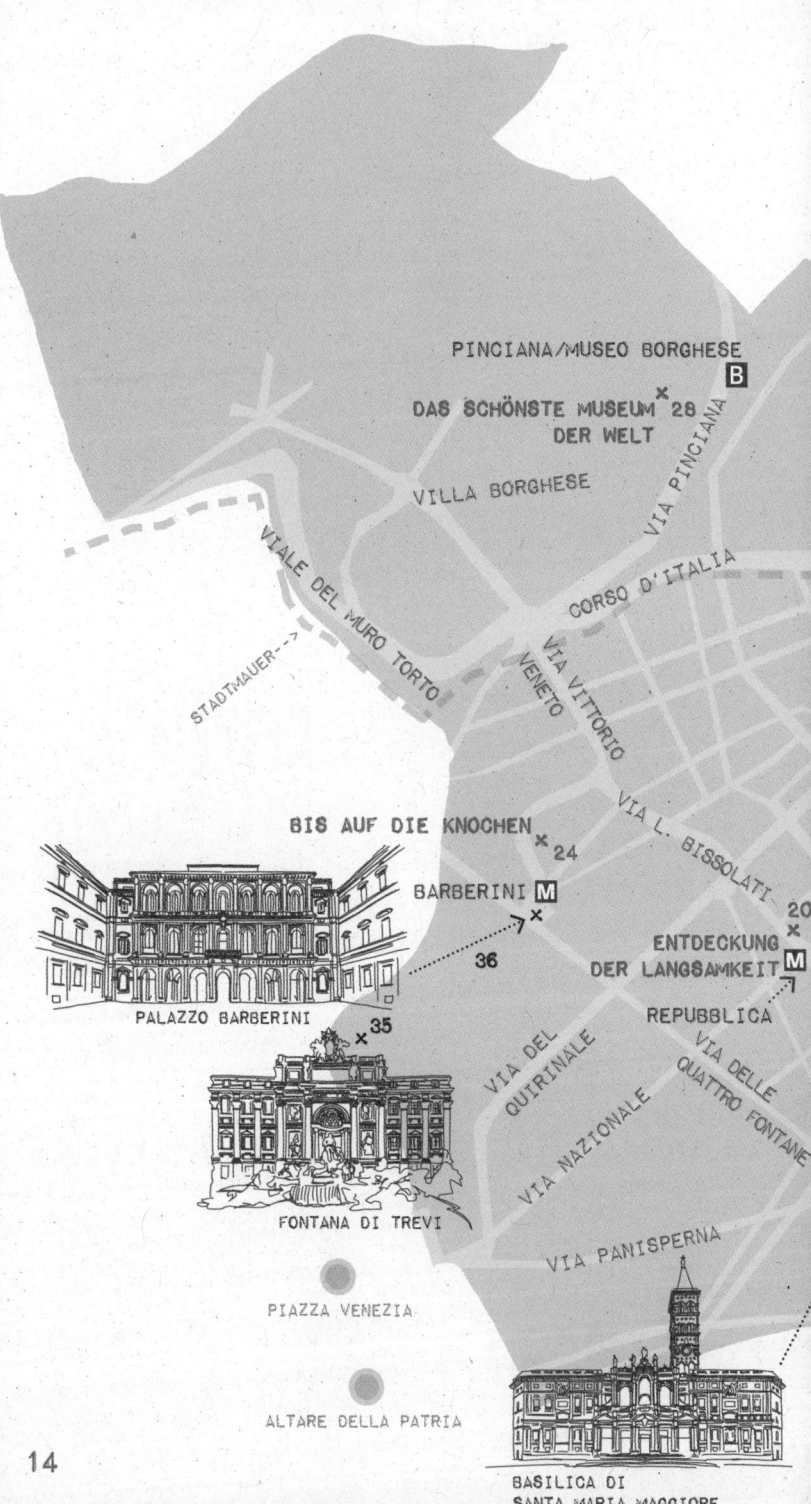

DER HAUPTBAHNHOF ist das moderne Einfallstor in die Stadt und wurde auf einem der Sieben Hügel der Antike, dem Esquilin, gebaut. Auch in Rom tummelt sich um den Bahnhof Roma Termini eine bunte internationale Gemeinde mit ihren zahlreichen Läden und oft asiatischen Restaurants. Wendet man sich vom Bahnhofsvorplatz Richtung Nordwesten, folgen mehr oder minder aufregende Behörden- und Büroblocks, bis man über die weltberühmte Via Vittorio Veneto den Stadtpark Villa Borghese erreicht.

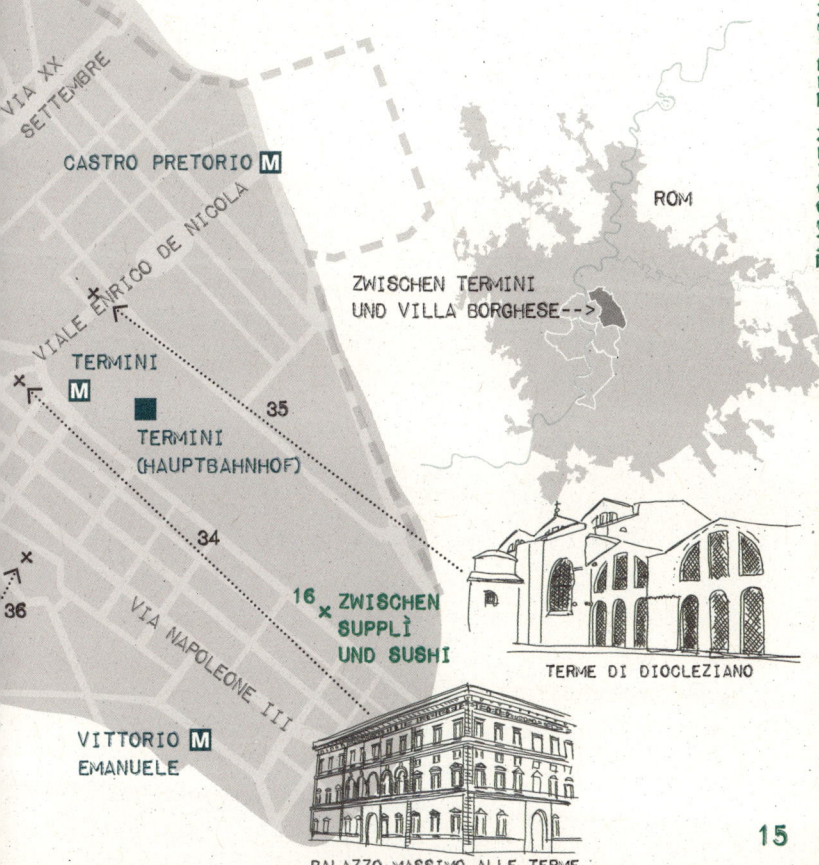

ZWISCHEN SUPPLÌ UND SUSHI

AUF EINEN SNACK IN DEN MERCATO CENTRALE

ZWISCHEN TERMINI
UND VILLA BORGHESE -->

TERMINI M

+ + + S T E C K B R I E F + + +
WO? STAZIONE TERMINI. ALA GIOLITTI. VIA GIOLITTI 36 +++ METRO A/B TERMINI +++ WANN? TÄGL. 8-24 UHR +++ WIE LANGE? ABHÄNGIG VON HUNGER UND ABFAHRTSZEIT +++ WIE VIEL? JE NACH APPETIT - TRAPIZZINO 4 EURO. PASTA UM 9 EURO. SOFTDRINK 3 EURO +++ MERCATOCENTRALE.IT +++

AN KAUM EINEM ORT DER STADT vereinen sich Römer und Touristen quer durch alle Schichten, Altersklassen und Nationalitäten so einhellig und überzeugt zum gemeinsamen Essen wie im Mercato Centrale in der »Ala Giolitti« genannten Südseite des Hauptbahnhofs. Als wir mittags um eins hier aufschlagen, ist es knallvoll in der riesigen Gewölbehalle. Da sitzt eine Gruppe dunkler Anzüge und Kostüme über ihren Salattellern und den Excel-Tabellen auf dem Tablet, einen Tisch weiter sind zwei junge Japanerinnen im Selfie-Modus mit Supplì (Reisbällchen) und Pizza, daneben ihre riesigen Rollkoffer – die Reise geht von Termini aus weiter. Einen Tisch zu finden erscheint uns leichter als die Entscheidung, welcher der kulinarischen Verführungen wir uns hingeben sollen, denn die Stände sind fast alle gleich frequentiert ... Kann das denn sein: so viele unterschiedliche Geschmackserlebnisse bei einem ganz ähnlichen Level an Qualität?

»LA BONTÀ È ELEMENTARE« leuchtet immer wieder auf den modernen Screens auf, die Qualität ist elementar. Wie wahr, denken wir uns, und wie unglaublich schlecht man in Rom doch auch essen kann, wenn es blöd läuft. Doch ausgerechnet hier, im römischen Hauptbahnhof, erfährt der Begriff »Bahnhofsgastronomie« eine neue Bedeutung. 21 Botteghe, also Marktstände, verteilen sich entlang der Wände der Halle, die tatsächlich etwas von einer Markthalle hat, und darunter sind auch die Namen so mancher bekannter gastronomischer Größen der Stadt zu finden. Seit Eröffnung des Mercato im Herbst 2016 hat diese vorher recht schmuddelige Seite der Stazione Termini eine enorme Aufwertung erfahren, etwas Besseres kann einem Bahnhof doch gar nicht passieren: dass man zum Essen herkommt!
Die Küche ist römisch, aber nicht nur. Sushi und Ramen sind ebenso angesagt, und vegetarische und vegane Burger oder grüne Smoothies gehören auch in Rom längst zum guten Geschmack. Ganz klassisch werden die Burger nebenan aus dem Fleisch des hochgeschätzten toskanischen Chianina-Rinds gebraten. Die Artischocken sind dann aber wieder römisches Nationalgericht und wachsen auf den Gemüsefeldern des Latium, bevor sie frittiert als Carciofi alla giudia (= Artischocken auf jüdische Art) auf dem Teller landen.

WÄHREND WIR auf unser Essen warten, haben wir Zeit, uns ein wenig umzuschauen in dem neuen Fresstempel Roms. Unser Blick fällt auf die Cappa Mazzoniana, den mächtigen grauen »Marmorhut« in der Mitte der Halle. Er erinnert uns an die Baugeschichte dieses Flügels im Bahnhof Termini, der in den 1930er-Jahren in Mussolinis Stil des »Razionalismo« für die geplante Weltausstellung von 1942 errichtet wurde. Die fiel ja bekanntlich wegen Krieg aus, und der Rest des neuen Bahnhofs entstand viel später, in den 1950ern.

Bei der Qual der Wahl in Sachen Essen haben wir uns für einen noch recht jungen römischen Klassiker entschieden: die Trapizzini von Stefano Callegari aus Testaccio (wo man besonders gut und authentisch essen kann, siehe auch S. 201). Der Trapizzino ist Streetfood im besten Sinne, wir sind aber froh, dass wir im Sitzen essen, denn unsere dreieckigen, weichen Brötchen sind randvoll mit Aubergine und tomatiger Sauce bzw. Hühnchen mit Sauce – ähnlich im Aussehen und ähnlich schwierig zu essen wie ein Döner. Aber eben römisch. Und wirklich sehr lecker.

WENN MAN SCHON MAL **HIER IST**:

Derart gestärkt kann man sich getrost auf eine erste Erkundung der Antike machen: Unweit des Bahnhofs liegen das **Museo Nazionale Romano** im **Palazzo Massimo alle Terme** (siehe S. 34) wie auch die **Diokletiansthermen** (siehe S. 35). Überaus sehenswert ist außerdem die kostbar ausgestattete Kirche **Santa Maria Maggiore** (siehe S. 36) ▭→, hier liegt Gian Lorenzo Bernini begraben.

ENTDECKUNG DER LANGSAMKEIT

DIE LINEA CLEMENTINA

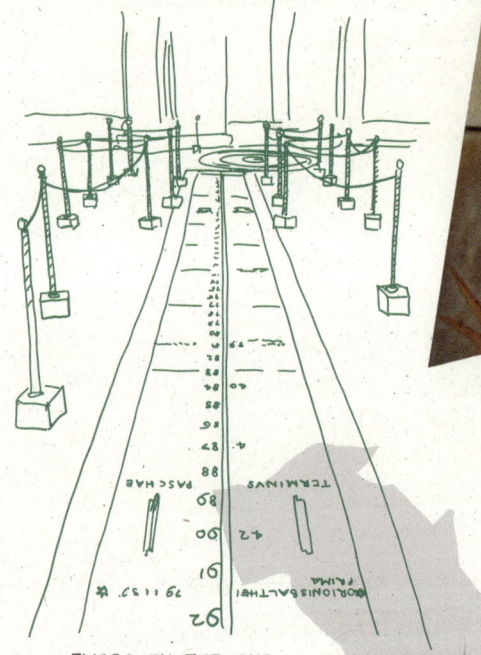

ZWISCHEN TERMINI
UND VILLA BORGHESE -->

REPUBLICA M

+ + + **S T E C K B R I E F** + + +
WO? SANTA MARIA DEGLI ANGELI. PIAZZA NAZIO-
NALE REPUBBLICA +++ METRO A REPUBBLICA +++
WANN? TÄGL. GEGEN 12 BZW. 13 UHR +++ WIE
LANGE? CA. 15 MINUTEN +++ WIE VIEL? KOSTEN-
LOS! +++ WICHTIG! SOMMERZEIT BEACHTEN! UND
NATÜRLICH SOLLTEN KEINE WOLKEN DEN HIMMEL
VERHÜLLEN +++

KOSTENLOS, FAMILIENFREUNDLICH

DEN MOMENT des Erscheinens habe ich verpasst, während ich mir das Kunstwerk ansehe, das in den Kirchenboden eingelassen ist. Eine bronzene Leiste, etwa 45 Meter lang. Sie verläuft quer durch den Kirchenraum, eingefasst in schmucke Marmorverzierungen. Ein paar Darstellungen von Tierkreiszeichen sind darauf zu sehen, vor allem aber Zahlen und Markierungen – und nun: ein kleiner Punkt aus Licht. Der Sonnenfleck bewegt sich. Ganz langsam, nahezu unmerklich wandert er über den Fußboden auf die bronzene Linie zu und kreuzt sie. Kein Chronometer und keine gefühlte Ewigkeit beim Warten auf den (römischen) Bus (siehe S. 72) könnten das Verrinnen der Zeit unmittelbarer näherbringen. Der Lichtpunkt wandert mit der Sonne, die durch ein kleines Loch in der Wand einfällt. Denn die Linea Clementina ist eine erstaunliche Sonnenuhr, genauer gesagt: ein Sonnenkalender.

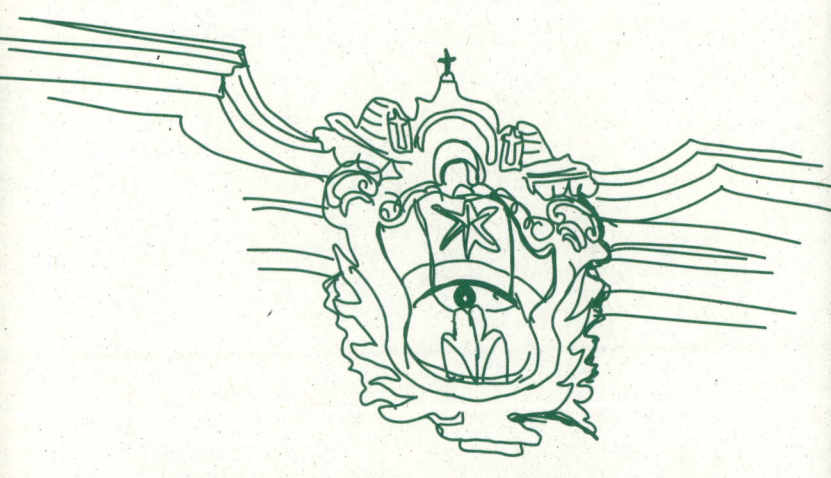

DER ORT, AN DEM DIE SONNE diesen Kalender Tag für Tag einschaltet, ist an sich schon ein besonderer: Michelangelo entwarf die Kirche Santa Maria dei Angeli e dei Martiri Mitte des 16. Jahrhunderts für Pius IV. Dabei nutzte er Teile der antiken Diokletiansthermen, einstmals eine der größten Badeanstalten der Stadt – heute würde man sagen: Wellnesslandschaften. Man betritt das Gotteshaus durch das ehemalige Tepidarium, die Lauwarm-Sauna, das Kirchenschiff selbst war das Kaltbad, das Frigidarium. Die bronzene Mittagslinie gab Clemens XI., dessen Namen der Zeitmesser tragen sollte, Anfang des 18. Jahrhunderts bei Francesco Bianchini in Auftrag, einem europaweit anerkannten Gelehrten und langjährigen Kurienmitarbeiter. Die Jobbeschreibung forderte zweierlei: die Präzision des bis dato noch immer nicht unumstrittenen Gregorianischen Kalenders zu bestätigen und Ostern zuverlässig zu terminieren. Und der Astronom schuf ein Meisterwerk: Jeden Mittag kreuzt der Sonnenpunkt den Meridian – bis Mitte des 19. Jahrhunderts wurden die römischen Uhren (wie auch der Donner von Il Cannone, siehe S. 160) danach gestellt. Dabei wandert das Licht im Laufe eines Halbjahres von einem Ende zum anderen, zeigt das korrekte Datum und kehrt nach der Sonnenwende wieder um.

DAS LICHT HAT die bronzene Leiste überschritten. Der kreisrunde Sonnenfleck beginnt kleiner zu werden wie ein abnehmender Mond. Ganz langsam, nahezu unmerklich. »Tempus fugit«, sagt der Lateiner. »Passa il tempo«, sagt eine elegante Italienerin neben mir. Die Zeit vergeht. Und so sehen wir alle mit plötzlicher Wehmut auf den schwindenden Lichtpunkt. Seit der Sonnenfleck über die Mittagslinie wandert, sind schon wieder fünfzehn Minuten unserer Lebenszeit verstrichen. »Memento mori!«, scheinen uns die Tierkreiszeichen vom marmornen Boden zuzuflüstern: Gedenke, Mensch, dass du sterben wirst! Mühsam schütteln wir die melancholischen Gedanken ab. Der kleine Sonnenpunkt ist verschwunden. Allmählich wende ich mich zum Gehen – mit einer weiteren Gewissheit, die uns die Linea Clementina mit auf den Weg gab. Als das wandernde Sonnenlicht den in den Marmor gravierten Schriftzug »Terminus Pasqua« berührte, erinnere ich mich: Nächstes Wochenende ist Ostern. Auferstehung. Halleluja.

WENN MAN SCHON MAL HIER IST:

Quasi im Haus (anderer Eingang) sind für die Besichtigung der **Diokletiansthermen** (siehe S. 35) locker zwei Stunden einzurechnen. Nur die Straße runter geht es zum berühmten **Moses-Brunnen** □→ (der Moses mit den Hörnchen auf dem Kopf). Sollten Sie wie wir beim frühmorgendlichen Bernini-Spaziergang (siehe S. 100) im Tazza d'Oro gestrandet sein: In der **Kirche Santa Maria della Vittoria** zeigt sich Berninis Skulptur der hl. Theresa vom Erscheinen des kleinen Engels hingebungsvoll verzückt.

BIS AUF DIE KNOCHEN

DAS SKURRILE KUNSTVERSTÄNDNIS DER KAPUZINERMÖNCHE

ZWISCHEN TERMINI UND VILLA BORGHESE --> Ⓜ BARBERINI

+ + + S T E C K B R I E F + + +
WO? IL CONVENTO DEI CAPPUCCINI. VIA V. VENETO 27 +++ METRO A BARBERINI +++ WANN? TÄGLICH 9-19 UHR +++ WIE LANGE? ETWA 1 STUNDE +++ WIE VIEL? 8.50 EURO. ERMÄSSIGT 5 EURO +++ WICHTIG! EKELFAKTOR 4 (VON 10). GRUSELFAKTOR 6 (VON 10)! +++

24 GÜNSTIG. FAMILIENFREUNDLICH

DAS ERSTE, was uns ins Auge fällt, sind die vielen Kamera-Augen, die jeden Besucherschritt und -tritt verfolgen. Wir sind im Museum des Kapuzinerkonvents von Rom und wundern uns ein wenig über die Totalüberwachung. Allzu viel Kostbares oder auch Heiliges haben wir noch nicht entdeckt. Die Geschichte des Bettelordens dokumentieren Priesterporträts von – wir sagen es jetzt einfach mal – kunsthistorisch mittlerer Qualität, ein wenig Sakralkunst, ein paar kitschige Jesus-Puppen, ein Hostienwaffeleisen. Das Übliche eben. Doch dann wird es schräg. Oberschenkel- und Beckenknochen sind zu Gewölbenischen gestapelt, in denen Skelette, gekleidet in Kapuzinerkutten, ruhen. Über Schulterblätteraltären sind Kinderskelette wie Engel drapiert. Das Deckengewölbe zieren Stuckaturen aus Rippen, Brustwirbeln und Ellenknochen, und in der Mitte winkt der Tod mit Waage und Knochensense.

DAS HÄTTE ES jetzt gar nicht gebraucht, sagen wir uns. Wir hatten es auch so verstanden: Nur eines ist sicher im Leben, und das ist der Tod. Aber das war erst die erste Skelett-Grabeskapelle der Krypta! Der Gang ist noch lang, weitere folgen. Insgesamt, so hatte uns die junge Dame an der Kasse erzählt, fanden über 4.000 Mönche hier ihre letzte Ruhe – heute leben (!) nur noch acht Kapuziner im Konvent. Nun ja, mit der Ruhe der Verstorbenen war es aber erst mal vorbei, als ein kunstsinniger Mönch auf die Idee kam, all die Knochen zu sortieren, zu stapeln, aufzuhängen, anzuordnen und zu makabren Kunstwerken zu drapieren. Vergänglichkeitsdeko. Eine kleine Gruppe Touristen tritt mit ungläubigem Staunen neben uns. Bevor der private Guide mit seinen Ausführungen beginnen kann, plaudert eine Irin los. Sie sei Krankenschwester, sagt sie, und erkenne die Knochen. Dann beginnt sie aufzuzählen: Hier sind Hüftschalen, dort Kieferknochen und Oberschenkel ... aber alle in recht gutem Zustand, fügt sie an. Der Guide bestätigt das: Die Mönche lebten im Konvent unter ziemlich passablen Bedingungen und konnten sich – Bettelorden hin oder her – gut ernähren. Am Ende, wirft ein spitzfindiger Spaßvogel ein, sind sie dann aber doch alle gestorben.

WIR GEHEN WEITER durch das Kuriositätenkabinett des Todes. Es folgen Säulen aus Schädeln, knöcherne Deckenornamente und anatomische Mosaike. Die Statuen in den knöchernen Nischen sind, Sie werden es erraten, Skelette im Kapuziner-Habit. Zum Teil mumifizierte Köpfe starren mit leeren Augenhöhlen unter den Kapuzen hervor. Kiefer, Gelenke und Wirbel bilden kunstvoll morbides Stuckwerk. Sogar die Lampen, die schummrig leuchtend von der Decke hängen, sind aus Knochen. Und irgendwo ist tatsächlich ein knöchernes Stundenglas zur Zierde angebracht – wir haben es jetzt aber wirklich verstanden … Kopfschüttelnd durchqueren wir noch den gut ausgestatteten Museumsshop und treten endlich wieder ins Freie. Keine Blicke mehr aus leeren Augenhöhlen, auch kein aufmerksames Kamera-Auge – und das Jüngste Gericht lässt ebenfalls noch auf sich warten. Dafür scheint die Abendsonne auf unsere Haut. Wärmt uns. Das Herz schlägt. Wir sind am Leben. Und durstig. Auf das Leben! Auf zum Aperitivo!

WENN MAN SCHON MAL HIER IST:

Unverkennbar war Anita Ekbergs Lust am Leben bei ihrem Bad in der **Fontana di Trevi** (siehe S. 35) gleich um die Ecke, die allerdings Tag und Nacht ähnlich belagert ist wie ein Filmstar auf dem roten Teppich. Wer jetzt eher eine Stärkung vertragen kann, ist bei **Colline Emiliane** genau richtig (siehe S. 37). Unbedingt sehenswert ist der **Palazzo Barberini** □→ an der gleichnamigen Piazza (siehe S. 36) mit seiner atemberaubenden Kunstsammlung.

DAS SCHÖNSTE MUSEUM DER WELT

DIE GALLERIA BORGHESE

× **B** PINCIANA/ MUSEO BORGHESE

ZWISCHEN TERMINI UND VILLA BORGHESE -->

+ + + S T E C K B R I E F + + +
WO? VILLA BORGHESE +++ METRO A BARBERINI, DANN BUS 63 PINCIANA/MUSEO BORGHESE +++ GALLERIABORGHESE.BENICULTURALI.IT +++ WANN? TÄGLICH (AUSSER MO) IM ZWEISTUNDENTAKT ZWISCHEN 9 UND 19 UHR +++ WIE LANGE? DIE ZWEI ZUGEWIESENEN STUNDEN SIND EIGENTLICH ZU WENIG +++ WIE VIEL? 15 EURO, ERMÄSSIGT 8,50 EURO. UNTER 18 NUR 2 EURO (RESERVIERUNGSGEBÜHR) +++ WICHTIG! FRÜHZEITIGE VORHERIGE ANMELDUNG, DANN ZU FESTGELEGTEN ZEITEN! +++

WARUM EIGENTLICH ausgerechnet jetzt? Die Frage stellt sich. Wir schlendern gemütlich durch den Nachmittag und die Villa Borghese. Frühsommerlich blüht und grünt es überall in diesem wunderschönen Park. Die Sonne scheint, ein sanfter Windhauch geht. Zugegeben, hier und da klingen die musikalischen Darbietungen etwas gewöhnungsbedürftig, wenn z. B. das Akkordeon Verdi-Arien intoniert. Und auf die Segways hat die zivilisierte Welt auch nicht wirklich gewartet. Doch allen nachmittäglichen Fährnissen urbaner Grünanlagen zum Trotz lässt es sich gerade herrlich flanieren. Und warum noch mal müssen wir ausgerechnet jetzt ins Museum? Die Antwort ist einfach und grausam: timeslot. Das Zeitfenster! Durch ein solches nämlich muss man sich zwängen, wenn man die Galleria Borghese betreten will, das schönste Museum der uns bekannten Welt.

FAST WÄREN WIR wieder umgekehrt. Zu groß ist das Gedränge im Eingangsbereich des Museums, deutlich zu hoch der Geräuschpegel, zu lang die Schlange vor der Garderobe. Aber wir haben uns durchgerungen, unser mühsam ergattertes Zeitfenster zu nutzen, und bereuen es – natürlich – nicht. Ziellos lassen wir uns durch die Räume treiben, folgen dem – gemessen an der Besucherdichte – geringsten Widerstand. Wir stehen vor dem *Raub der Proserpina*, den Gian Lorenzo Bernini für Scipione Caffarelli Borghese meißelte, und sind wieder einmal fasziniert von der »Lebendigkeit« des weißen Carrara-Marmors: Achten Sie darauf, wie Plutos Finger tief in Schenkel und Seiten der Proserpina versinken …

Es hat seinen Vorteil, Lieblingsneffe des Papstes zu sein. Natürlich nur in Zeiten, in denen sich auch ordentlich Pfründe abschöpfen lassen. Nepotismus statt Compliance. Wenn der Papstneffe dann auch noch kunstsinnig ist und in einer kunstsinnigen Epoche lebt, dann kann aus eifrigem Mäzenatentum eine der großartigsten Sammlungen überhaupt werden. Scipione Borghese war der glückliche Neffe und Adoptivsohn Pauls V., und er lebte und mäzenierte in der frühsommerlichen Blüte des römischen Barocks.

MÜSSIG ZU ERWÄHNEN, dass der liquide Kunstsammler beim »Landsitz«, den er eigens zur Unterbringung seiner Schätze errichten ließ, nicht gespart hat. Derart kunstvoll, detailreich, kostbar, mithin atemberaubend ausgestattet sind die Räumlichkeiten, dass man sie auch ohne die einzigartige Skulpturen- und Gemäldesammlung gerne besichtigen würde. Aber hier jagt ein carrara-marmornes Highlight das andere wie Berninis *Apollo* die arme *Daphne* – für uns die faszinierendste Skulpturengruppe: Wenn Sie hinter die beiden treten und gegen den Uhrzeigersinn um sie herumgehen, können Sie verfolgen, wie sich die fliehende Daphne in einen Baum verwandelt. Nicht zu vergessen Berninis *David* unter absoluter Hochspannung oder Antonio Canovas tiefenentspannte Napoleon-Schwester *Paolina*. Hatten wir schon den Raum mit den fünf Gemälden von Caravaggio, darunter der berühmte malade *Bacchus*, erwähnt? Ach, und im ersten Stock, in der Gemäldesammlung – mit Bellini, Carpaccio, Tizian, Bassano, Raffael, Rubens und, und, und – waren wir noch gar nicht.

WENN MAN SCHON MAL **HIER IST:**

... dann sollte man unbedingt seinen Spaziergang durch die Villa Borghese fortsetzen. Eltern mit unausgelasteten Kindern empfehlen wir einen Besuch im **Zoo**, der übrigens von Karl Hagenbeck konzipiert wurde (bioparco.it). Und wer mit seiner/m Liebsten mal wieder übers Wasser paddeln will: Am winzigen **See** vor dem Äskulaptempel werden Ruderboote vermietet ☐↗.

WENN MAN SCHON MAL ZWISCHEN TERMINI UND VILLA BORGHESE IST

+++ SEHEN +++
+++ ESSEN +++
+++ AUSGEHEN +++
+++ SHOPPEN +++
+++ SCHLAFEN +++

SEHEN

PALAZZO MASSIMO ALLE TERME

Der wuchtige, apricotfarbene Palazzo unmittelbar am Bahnhof Termini beherbergt mit dem **Museo Nazionale Romano** eine der bedeutendsten Sammlungen antiker Funde überhaupt. Das meiste stammt aus der Zeit ab dem 2. Jahrhundert v. Chr. Für die drei Stockwerke plus Untergeschoss mit Münzsammlung sollte man genug Zeit und ausreichend Interesse für die Antike mitbringen.

+++ LARGO DI VILLA PERETTI +++ METRO A/B TERMINI +++ DI-SO 9-19.45 UHR +++ 10 EURO. 18-25 JAHRE 2 EURO. HILFREICH IST DER AUDIOGUIDE AUF DEUTSCH (5 EURO) +++ COOPCULTURE.IT +++

← TERME DI DIOCLEZIANO

Die größte antike Thermenanlage der Stadt liegt genau gegenüber vom Hauptbahnhof, dem sie auch Namenspatin war (Termini). Erbaut um 300 n. Chr., wurde hier bis ins Jahr 537 gebadet, bis zu 3.500 Badegäste kamen am Tag. Drei Stockwerke mit unzähligen antiken Statuen und sonstigen Funden, aber auch ein besonders schöner Kreuzgang und ein Gärtchen davor – zum Auftanken in der hektischen Bahnhofsgegend.

+++ VIA ENRICO DE NICOLA 76 +++ METRO A/B TERMINI +++ DI-SO 9-19.30 UHR +++ 10 EURO, ERMÄSSIGT 2 EURO +++ COOPCULTURE.IT +++

FONTANA DI TREVI

Kein Rom-Besuch, ohne eine Münze über die Schulter in den Brunnen zu werfen (vorausgesetzt, man will wiederkommen ...). Das Geld wird einmal im Jahr eingesammelt und geht an die Caritas, der Blick auf das frisch restaurierte Bauwerk mit türkis schimmernder Wasserpracht ist und bleibt fantastisch.

+++ PIAZZA DI TREVI +++ METRO A BARBERINI +++ 24 STUNDEN FREI ZUGÄNGLICH +++

PALAZZO BARBERINI

Das heimliche Schwergewicht unter Roms Museen. So tummeln sich in der **Galleria Nazionale** im prachtvollen Barockpalazzo alle Großen der italienischen Malerei und noch ein paar mehr, sind aber bei Weitem nicht so belagert wie in der Galleria Borghese, den Vatikanischen Museen & Co. Fast noch ein Geheimtipp!

+++ VIA DELLE QUATTRO FONTANE 13 +++ METRO A BARBERINI +++ DI-SO 8.30-19 UHR +++ 12 EURO, ERMÄSSIGT 2 EURO +++ BARBERINICORSINI.ORG +++

BASILICA DI SANTA MARIA MAGGIORE

Eine der vier Papstbasiliken der Stadt – und ein Muss für jeden Pilger. Der Legende nach fiel hier im August des Jahres 352 Schnee, und Papst Liberius, dem zuvor Maria im Traum erschienen war, ließ an dieser Stelle eine Kirche bauen. Aus der Kirche wurde im Lauf der Jahrhunderte eine riesige Basilika in heute opulent barockem Erscheinungsbild und mit wertvollem Apsismosaik aus dem 13. Jahrhundert.

+++ PIAZZA DI SANTA MARIA MAGGIORE +++ METRO A/B TERMINI +++ TÄGL. 7-18.45 UHR +++ EINTRITT FREI +++

ESSEN

COLLINE EMILIANE

Ein kleines Restaurant mit verfeinert klassischer Küche (und Weinen) aus der Emilia-Romagna. Wo in Rom, wenn nicht hier, sollte man sonst hausgemachte, »originale« Tagliatelle alla bolognese (14 Euro) verköstlichen?

+++ VIA DEGLI AVIGNONESI 22 +++ METRO A BARBERINI +++ 06/4817538 +++ COLLINEEMILIANE.COM +++ 12.45-14.45 UHR UND 19.30-22.45 UHR. SO ABENDS UND MO GESCHLOSSEN +++

TRATTORIA MONTI ⟶

In dem kleinen, feinen Restaurant wird hervorragende Küche aus der Region Marken kredenzt, darunter auch die schwarzen Sommertrüffel und viel Vegetarisches. Menü um 40 Euro.

+++ VIA S. VITO 13A +++ METRO A VITTORIO EMANUELE +++ 06/4466573 +++ MITTAGS UND ABENDS GEÖFFNET. SO ABENDS UND MO SOWIE IM AUG. GESCHLOSSEN +++

PANELLA

Alteingesessene Bäckerei und Pasticceria. Hier gibt's leckere Pizza al taglio, Supplì, Panini, Mittagstisch – unbedingt Platz lassen für was Süßes! Auch Frühstück und Aperitivo.

+++ VIA MERULANA 54 +++ METRO A VITTORIO EMANUELE +++ PANELLAROMA.COM +++ 7-23.30 UHR +++

PALAZZO DEL FREDDO – GELATERIA FASSI

Hier schlecken die Römer ihr Eis, bevorzugt einen »Sanpietrino«, das Eiskonfekt in Form des fiesen römischen Kopfsteinpflasters!

+++ VIA PRINCIPE EUGENIO 65 +++ METRO A VITTORIO EMANUELE +++ GELATERIAFASSI.COM +++ MO-DO 12-22 UHR. FR/SA BIS 24 UHR. SO 10-22 UHR +++

AUSGEHEN

TEATRO DELL OPERA

Roms Opernhaus auf dem Viminal aus dem Jahr 1879. Oper und Ballett, im Sommer in den Caracalla-Thermen (siehe S. 56).

+++ PIAZZA BENIAMINO GIGLI 1 +++ METRO A REPUBBLICA +++ OPERAROMA.IT +++ 06/481601 +++

BOTTIGLIERA AI 3 SCALINI

Im hippen Stadtteil Monti unterhalb des Bahnhofs Richtung Piazza Venezia liegt eine der nettesten kleinen Enotheken der Innenstadt, gemütlich und familiär. Auch Kleinigkeiten zu essen.

+++ VIA PANISPERNA 251 +++ METRO B CAVOUR +++ AITRESCALINI.ORG +++ TÄGL. 12.30-1 UHR GEÖFFNET +++

SHOPPEN

MERCATO MONTI

Vintage- und Designmarkt immer am Wochenende: Angeboten werden junge römische Mode, Schmuck, Taschen, Schuhe u. v. m. im nüchternem Hotel-Ambiente, aber zu coolen Beats.

+++ VIA LEONINA 46 (IM UG DES GRAND HOTELS PALATINO) +++ METRO B CAVOUR +++ MERCATOMONTI.COM +++ SA/SO 10-20 UHR. JEDOCH NICHT IM AUG. +++

LA BOTTEGA DEL CIOCCOLATO
Feinste Schokoladen und Pralinen nach traditioneller piemontesischer Art. Familienbetrieb mit Frische- und Qualitätsgarantie!
+++ VIA LEONINA 82 +++ METRO B CAVOUR +++ LABOTTEGADELCIOCCOLATO.IT +++ MO-SA 9.30-19.30 UHR GEÖFFNET. IM JULI UND AUG. GESCHLOSSEN +++

++++++++++++ SCHLAFEN ++++++++++++

DUCA D'ALBA
Mittendrin im Ausgehviertel Monti, nur wenige Schritte von den antiken Sehenswürdigkeiten Roms entfernt, Metrostation quasi vor der Haustür – Bestlage! Die 27 Zimmer des Stadtpalazzo sind zwar klein, aber modern und nett eingerichtet, die Fenster haben Doppelglas. DZ mit etwas Buchungsglück um 135 Euro.
+++ VIA LEONINA 14 +++ METRO B CAVOUR +++ HOTELDUCADALBA.COM +++ 06/484471 +++

THE BLUE HOSTEL
Besonders schöne und geschmackvoll eingerichtete Herberge, mehr Hotel als Hostel. Leider nur wenige Zimmer und deshalb schnell ausgebucht. Super Preis-Leistungs-Verhältnis! DZ um 110 Euro.
+++ VIA CARLO ALBERTO 13 +++ METRO A VITTORIO EMANUELE +++ BLUEHOSTEL.IT +++ 340/9258503 +++

2
ANTIKE
+++ ERLEBEN +++

KAPITOL UND
KAPITOLINISCHE MUSEEN

PIAZZA VENEZIA
PIAZZA
VENEZIA 🅱🆃 44
ZWEI UPPERCLASS-
IMMOBILIEN AUS
DER KAISERZEIT

ALTARE DELLA PATRIA

62

ZUERST DIE GESCHICHTE mit der Wölfin, dann 753 ... Sie wissen schon: Aus einem stickigen Sumpf steigt eine Siedlung empor. Aus der Siedlung wird Rom, und Rom wird seinen König los. Die römische Republik etabliert sich, expandiert, fleißig und grausam, bis Caesaren sie messern. Dann Kaiserreich! Weltreich! Erstreckt sich unter römischen Kaisern vom Hadrianswall bis zum Nil. Das Zentrum dieser Epoche, dieses Weltreichs, ist hier. Und hierher kommt heute die ganze Welt, um gemeinsam mit der ganzen Welt durch die Antike zu stolpern.

63

FORUM ROMANUM
UND KAISERFOREN

AVENTINO

ROM

ANTIKE-->

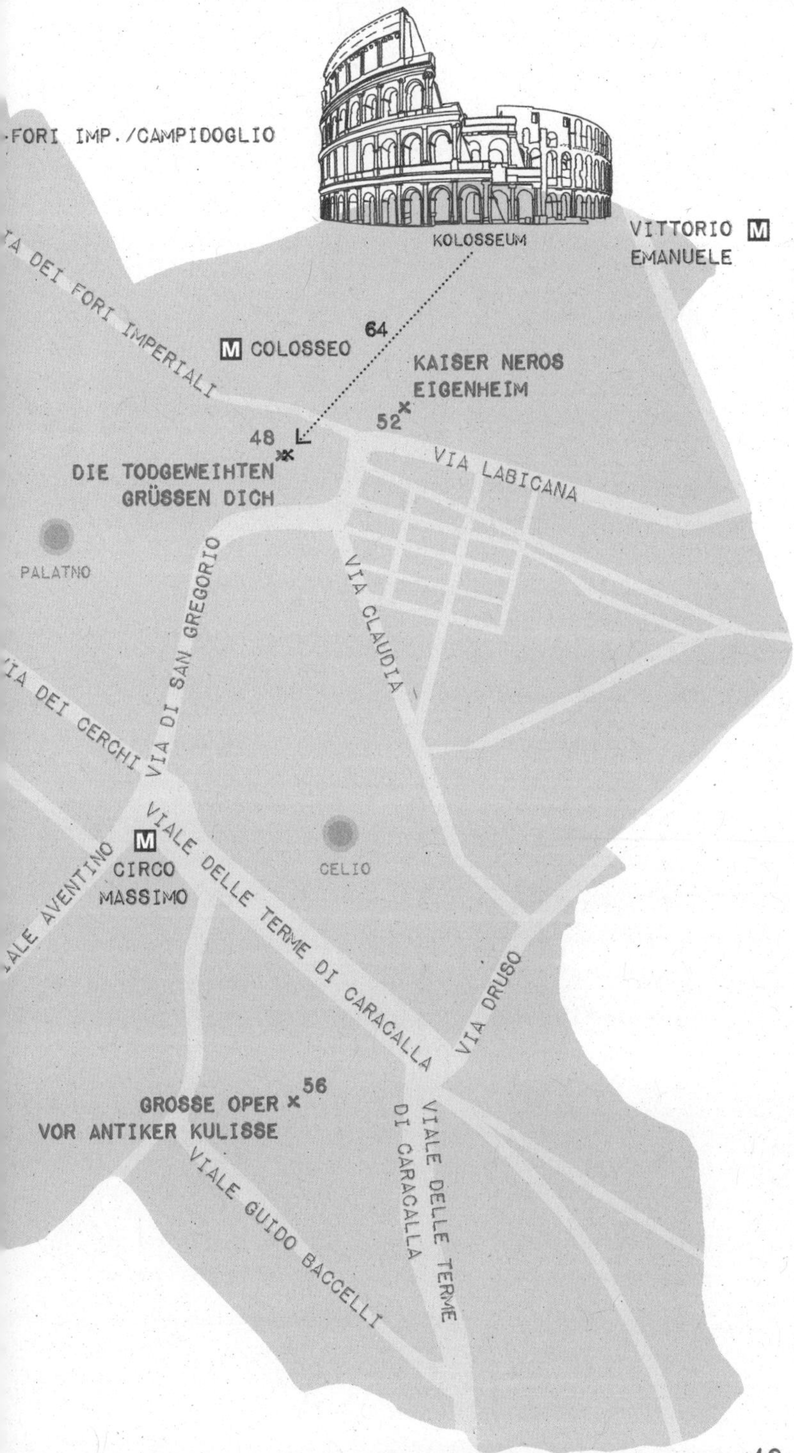

ANTIKE

- FORI IMP./CAMPIDOGLIO
- KOLOSSEUM
- VITTORIO EMANUELE Ⓜ
- VIA DEI FORI IMPERIALI
- Ⓜ COLOSSEO
- 64 KAISER NEROS EIGENHEIM
- 52
- 48 DIE TODGEWEIHTEN GRÜSSEN DICH
- VIA LABICANA
- PALATNO
- VIA DI SAN GREGORIO
- VIA CLAUDIA
- VIA DEI CERCHI
- VIALE AVENTINO
- Ⓜ CIRCO MASSIMO
- VIALE DELLE TERME DI CARACALLA
- CELIO
- VIA DRUSO
- GROSSE OPER VOR ANTIKER KULISSE × 56
- VIALE DELLE TERME DI CARACALLA
- VIALE GUIDO BACCELLI

ZWEI UPPERCLASS-IMMOBILIEN AUS DER KAISERZEIT

LE DOMUS ROMANE IM PALAZZO VALENTINI

🚇 FORI IMP./CAMPIDOGLIO

ANTIKE-->

+ + + S T E C K B R I E F + + +
WO? PALAZZO VALENTINI. VIA FORO TRAIANO 85 +++ U. A. BUS 40/60/70/H PIAZZA VENEZIA SOWIE BUS 85 FORI IMP./CAMPIDOGLIO +++ WAS? MULTIMEDIA-FÜHRUNG. ITAL., ENGL., FRZ., SPAN. UND EINMAL TÄGL. (13 UHR) AUCH AUF DEUTSCH +++ PALAZZOVALENTINI.IT +++ WANN? MI BIS MO ZWISCHEN 9.30 UND 18.30 UHR +++ WIE LANGE? GUT 90 MINUTEN +++ WIE VIEL? 12 EURO. ERMÄSSIGT 8 EURO. ZZGL. 1.50 EURO BUCHUNGSGEBÜHR +++ WICHTIG! RESERVIERUNG OBLIGATORISCH. RECHTZEITIG (ONLINE) BUCHEN! +++

GÜNSTIG. FAMILIENFREUNDLICH

EIN WENIG GOTTVERTRAUEN ist schon vonnöten: Wir tappen über Glasböden (hoffen wir jedenfalls). Darunter ist es düster, um uns herum auch. Ab und an erhellt ein Scheinwerferlicht ein Detail – und erlischt. Bald wird die bunte, im Raum bewegte Bilderflut der Multimediapräsentation an Fahrt aufnehmen. Zunächst aber tasten wir uns ein wenig unsicher voran und finden die Situation doch etwas bizarr: Unsere beigestellte Führerin beschränkt sich darauf, uns mit freundlichen Gesten durch die schummrigen Räume zu lotsen, während eine sonore Stimme aus dem Off uns den Weg durch die Geschichte weist. Wir stehen im Keller des Palazzo Valentini, eines eleganten Renaissancepalasts, unter uns die Ausgrabungen zweier römischer Upperclass-Immobilien aus der Kaiserzeit in Toplage, nur einen Steinwurf vom Trajansforum entfernt: Le Domus Romane.

SO IST DAS IN ROM, man muss nur den Keller aufräumen und stößt auf die Antike. Wir beginnen die Domus-Besichtigung im Nobel-SPA. »Nicht immer ganz einfach, den Grundriss zuzuordnen«, sonort die Stimme fast entschuldigend. Schließlich hätten die Renaissancemaurer ihre Mauern ohne jegliches archäologisches Fingerspitzengefühl hochgezogen.

Bald legt sich die Multimediashow ordentlich ins Zeug. Aus den Spotlights auf die Ausgrabungen (interessant genug) werden nun Lichtinstallationen: bunte Wandverkleidungen wachsen heran, Fußbodenmosaike werden nachgezeichnet, Planschbecken befüllt. Vor unseren Augen entstehen die antike Wellnesslandschaft und weitere Räumlichkeiten des Luxusdomizils, aus Licht geschaffen und mit dramatischer Musik untermalt. Der Badespaß endet hier übrigens im 5. Jahrhundert durch einen Brand, der möglicherweise durch ein Erdbeben ausgelöst wurde. Höchst informativ und unterhaltsam – manchmal auch ein wenig pathetisch – gestaltet sich unser Rundgang über die Ausgrabungen unter den Glasböden und durch die virtuellen Rekonstruktionen. Wir stoßen auf zahllose Schöner-Wohnen-Accessoires, antik-architektonische Besonderheiten, Alltagsdetails, sogar einen Straßenabschnitt in originaler Pflasterung und von Römersandalen blank poliert ...

UNVERMITTELT ERFÄHRT DIE FÜHRUNG

einen krassen Bruch: kaltes Licht, Betonwände. Wir gehen durch einen Schutzbunker aus dem Zweiten Weltkrieg – und gelangen zum ehemaligen Standort des lange gesuchten Trajanstempels, zumindest lässt eine gewaltige Säule, die quer durch die Fundamente ragt, das vermuten. Schließlich wird die faszinierende Trajanssäule direkt nebenan auf dem Ausgrabungsgelände zum Thema: Ein Film rollt die antike 3-D-Comic-Spirale auf. Hier läuft effektvoll die Bildergeschichte durch, wie sie sich um die Trajanssäule wickelt: Trajans Feldzüge gegen die Daker, unfassbar detailreich und teils in drastischen Schlachtszenen. Wie lebendig müssen die Darstellungen im Original, also vollständig koloriert, gewirkt haben? Für das kleine Finale der Führung übernimmt unsere Guida lächelnd die Initiative; sie habe zum Abschluss noch eine kleine Überraschung für uns, sagt sie und führt uns einen Bunkergang entlang. Dahinter Tageslicht. Solch einen Ausblick aus einer Kellertüre gibt es nur in Rom: Über uns erhebt sich die Trajanssäule. Im Original.

2

ANTIKE

WENN MAN SCHON MAL HIER IST:

Lage, Lage, Lage: Der Bauherr der Domus Romane hat sich das Grundstück seines luxuriösen Eigenheims sicherlich etwas kosten lassen: Die Kaiserforen vor der Haustüre, und zum Shoppen in den **Trajansmärkten** ⬜→ war es auch nicht weit. Wer tiefer in die antike Welt eintauchen will, sollte sich einen Besuch im **Museo dei Fori Imperiali** nicht entgehen lassen (Eingang in der Via IV Novembre 94, tägl. 9.30–19.30 Uhr, 16 Euro, ermäßigt 14 Euro, mercatiditraiano.it).

DIE TODGEWEIHTEN GRÜSSEN DICH

EINE FÜHRUNG IN DEN BACKSTAGEBEREICH DES KOLOSSEUMS

COLOSSEO 🅜 ✕

ANTIKE-->

AVE CAESARE
MORITURI TE SALUTANT

+ + + **STECKBRIEF** + + +
WO? COLOSSEO. MEETING-POINT IST AN DER DEM FORUM ROMANUM ABGEWANDTEN SEITE +++ METRO B COLOSSEO +++ **WAS?** FÜHRUNG (ITAL., ENGL., SPAN.) +++ **WANN?** ENGL. TOUR BIS ZU DREIMAL TÄGLICH +++ COOPCULTURE.IT +++ **WIE LANGE?** CA. 75 MINUTEN +++ **WIE VIEL?** TICKET 12 EURO (UNTER 18 FREI), FÜHRUNG 9 EURO (UNTER 12 FREI). ONLINE-BUCHUNG 2 EURO. MACHT SUMMA SUMMARUM 23 EURO +++ **WICHTIG!** FRÜHZEITIG TICKETS ONLINE KAUFEN! DAS TICKET BEINHALTET AUCH DEN EINTRITT ZUM FORUM ROMANUM (INNERHALB ZWEIER AUFEINANDERFOLGENDER TAGE) +++

TÄFELCHEN AUS TERRACOTTA mit römischen Ziffern darauf, I bis LXXX. So sahen die Eintrittskarten der Antike aus. Der Besuch im Kolosseum war zwar kostenlos, aber dank der Terracottatäfelchen wusste jeder Römer, wo sein Eingang und der Treppenaufgang zu seinem Platz war. So wurde spieltagbedingtes Chaos vermieden. Davon könnten sich die modernen Kolosseumsbetreiber ein Scheibchen abschneiden, denke ich und schlage mich durch zum Meeting-Point. »16! 20!«, ruft ein Ordner auf Englisch. »Guys, come here!« Leichter gesagt als getan. Was für ein Chaos! Dann Security und noch ein Meeting-Point, und dann, um 16.20 Uhr, geht's endlich los; eigentlich hätte es um 16.05 Uhr losgehen sollen, aber geschenkt, ich will mal nicht gar so deutsch sein. Chiara empfängt uns, zwei Dutzend Leute aus aller Welt, zur Führung durchs Kolosseum.

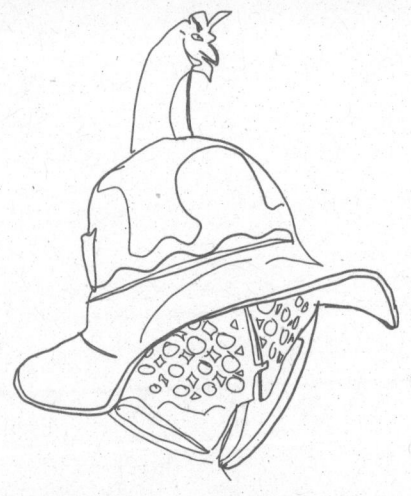

WIR STEHEN IM INNENRAUM, quasi auf der Bühne, und Chiara flaniert kenntnisreich durch die Jahrhunderte (Ausmaße, Jahreszahlen und Superlative finden Sie unten auf S. 64). Reine Propaganda war der Festbetrieb: Der Kaiser schenkt dem Volk eine Arena und gibt ihm Brot und Spiele! Wer denkt schon an Aufruhr, wenn sich der Sand so schön blutrot färbt? (Versandeten Lateinkenntnissen zur Auffrischung: lat. »arena« heißt »Sand«.) Dann steigen wir hinunter: backstage! Also downstairs. Hier warteten die Stars der Arena, die Bestien, Gladiatoren und Sklaven, auf ihren Auftritt. Zugegeben, von der Besichtigung des Kolosseumskellers hatte ich mir vielleicht etwas mehr versprochen. Wir finden uns in einem kleinen Teil des Labyrinths wieder, das sich unter der sandigen Bühne verbarg. Verschlossen bleibt der Gang, der zur Gladiatorenschule führte, durch den die Muskelmänner direkt zu ihrem Arbeitsplatz gelangten. Interessanter ist da schon der rekonstruierte sklavenbetriebene Aufzug. Der Keller war voll mit Bühnentechnik: Aufzüge und Rampen, mithilfe derer exotische Bühnenbilder wie aus dem Nichts erscheinen und verschwinden konnten – und eben auch Löwen, Bären, Tiger, sogar Krokodile, um dem Publikum entzückte Ahhhs und Ohhhs zu entlocken (und den armen Sklaven vermutlich letzte Gebete).

DIE FÜHRUNG NIMMT gerade eine schweißtreibende Pause. Mittlerweile sind wir hinaufgestiegen, steile Stufen, sehr steile Stufen, bis auf die zweite Besucherebene, und haben uns ein wenig atemlos durch die Menschenmassen gedrängelt. Wir blicken hinab ins Oval, und Chiara erzählt – wieder zu Atem gekommen – von den Spielen selbst.

500 Jahre wurde hier gejagt, geblutet, gejubelt und gestorben. Ursprünglich lief ein Kampftag nach einem bestimmten Muster ab: zuerst die Tierhatzen und -kämpfe, dann die Hinrichtungen, zum Abschluss die Gladiatorenkämpfe. Auch räumt unsere Guida mit ein paar lieb gewonnenen Vorstellungen auf: Daumen rauf, Daumen runter? Diese Geste entschied wohl kaum über Leben und Tod. Und von wegen »die Todgeweihten grüßen dich«, die Gladiatoren starben keineswegs reihenweise in der Arena. Viel zu teuer! Allein die Ausbildung! Sklaven dagegen waren billig. Heute übrigens wird das Kolosseum jedes Mal für 48 Stunden bunt angestrahlt, wenn irgendwo auf der Welt die Todesstrafe abgeschafft wird.

WENN MAN SCHON MAL HIER IST:

Da das Ticket für die Führung durchs Kolosseum auch den Besuch des **Forum Romanum** ⟶ samt **Palatin** (siehe S. 63) ermöglicht, bietet sich genau das natürlich an. Ein Bauwerk ist in besonderer Weise mit dem Kolosseum verbunden. So ist auf dem **Titusbogen** der Jerusalemer Tempelschatz abgebildet, wie er im Triumphzug durch Rom getragen wird. Der Zusammenhang: Die Flavier finanzierten den Bau des Kolosseums mit den Reichtümern, die sie im Jüdischen Krieg erbeutet hatten.

KAISER NEROS EIGENHEIM

EINE FÜHRUNG DURCH DIE DOMUS AUREA

ANTIKE-->

+ + + S T E C K B R I E F + + +
WO? VIA DELLA DOMUS AUREA 1 +++ METRO B COLOSSEO +++ WANN? SA/SO 9.15-16.15 UHR +++ WAS? FÜHRUNG (ITAL.. ENGL.. FRZ.. SPAN.) IM 15-MINUTEN-TAKT +++ COOPCULTURE.IT +++ WIE LANGE? CA. 75 MINUTEN +++ WIE VIEL? 14 EURO (PLUS 2 EURO ONLINE-TICKET) +++ WICHTIG! OHNE ONLINE-RESERVIERUNG GEHT FAST NICHTS. UND WENN ES DOCH NOCH EINEN PLATZ GIBT, MUSS MAN TERMINLICH SEHR FLEXIBEL SEIN! +++

EINE LEGENDE unter den Sandalenfilm-Szenen: *Quo vadis?*, 1951, Sir Peter Ustinov als Nero schaut auf ein Flammeninferno, streicht über die Saiten und singt, ergriffen und ergreifend schaurig. Rom brennt! Damit fing alles an, erklärt uns Donato, unser Guide in der Domus Aurea: neun Tage Inferno. Im Sommer 64 brennen zehn von vierzehn Stadtteilen nieder. Angezündet hat er's aber nicht, der Nero, Kaiser und Künstler. Nur profitiert hat er davon. Denn das verbrannte Gebiet war flugs annektiert und umgewandelt in einen Baugrund von kolossalen Ausmaßen. Es entstand die Domus Aurea, das Goldene Haus. An der bezugsfähigen Prachtimmobilie sollte Nero sich aber nur vier Jahre erfreuen. Dann starb er und wurde aktiv vergessen. »Damnatio memoriae« nennt das der alte Römer. Alle Erinnerung an den Gottgleichen sollte für ewig aus der Historie der Ewigen Stadt getilgt werden.

FÜR UNS BEGINNT DER AUSFLUG in die Überreste von Neros Eigenheim allerdings mit Einweg-Haarnetz und Baustellenhelm. Kichern, Fotos, dann treten wir ein. Wir: eine typische Führungsgruppe, zufällig und international. Kühl ist es im dunklen Innern der Domus Aurea. Nach Donatos einführenden Worten gibt es einen einleitenden Film zu sehen, bildgewaltig und informativ. Dennoch fällt es mir schwer, mir die ungeheuren Ausmaße der Anlage auszumalen. Die weitere Baugeschichte aber ist klar: Nach Neros Tod wurde der Palast zerstört. Ein Flügel diente, mit Bauschutt aufgefüllt, als Fundament für die Trajansthermen. Und nur deswegen ist dieser Teil der Domus Aurea noch erhalten: weil er erneut zu Baugrund wurde.

Kaum ist der Film zu Ende, öffnet sich auch schon wieder die Tür, und die nächste Gruppe wird hereingeschleust. Donato winkt uns weiter, durch zwölf Meter hohe, schmale Räume und lange Flure. Geschickt verdeutlicht uns der junge Archäologe, wie wir uns die düsteren Fluchten zur Zeit Neros vorzustellen hätten: lichtdurchflutet! Diese Wand: weg! Jene Wand: weg! Stattdessen alles licht und offen zum Tal hin! Hier ein Wasserfall, dort kostbare Fresken im Gewölbe! Die hohen Wände verkleidet mit Marmor, farbig und hell, der das vom Garten einströmende Licht reflektiert und die Domus Aurea zum Leuchten bringt – eines Sonnengottes würdig!

DANN WIRD ES NOCH ANSCHAULICHER:

Helm ab, VR-Brille auf, und die virtuelle Realität lässt die Domus Aurea um mich herum neu entstehen. Die Farben, die Pracht, das Licht, den Garten und den Ausblick! Als der VR-Flug beendet ist, bringt uns Donato zurück auf den Boden der Tatsachen: Im erhaltenen Trakt der Domus Aurea wurden keine Reste von Türen oder Angeln gefunden, keine Küche, keine Latrine. Und damit kein Hinweis auf seine Funktionalität. Nur das Licht schien hier eine Rolle zu spielen. Das vermuten jedenfalls die Archäologen. Und dass dieser Trakt einzig der Entspannung des Kaisers und seiner Gäste diente. Wir stehen in einem oktogonalen Raum. Auch hier ein Rätsel: kein Marmor, keine Deko. Die Vermutung: eine Bühne mit wechselnder Kulisse, vielleicht drehbar. Oder ein holzverkleidetes Esszimmer. Oder beides: eine kreisende Bühne, auf der Nero zu Ehren der zum Essen geladenen Gäste auftrat. Der Kaiser war übrigens ein gebildeter Mann, die Fresken zeigen beispielsweise Szenen aus Homers *Odyssee*. Auch soll er ein durchaus passabler Dichter und Sänger gewesen sein – und darüber hinaus beim Publikum, also dem Volk, sogar beliebt. Aber ist der Ruf erst ruiniert ...

WENN MAN SCHON MAL **HIER IST**:

In der Umgebung findet sich noch reichlich Antike (siehe S. 52 die Sotterranei im Kolosseum und S. 44 Le Domus Romane). Sehr gut und klassisch römisch essen lässt es sich in der **Trattoria Da Domenico** (siehe S. 65) □→, leger geht es in der **Trattoria Pizzeria Luzzi** zu (siehe S. 65).

GROSSE OPER VOR ANTIKER KULISSE

EIN SOMMERABEND IN DEN CARACALLA-THERMEN

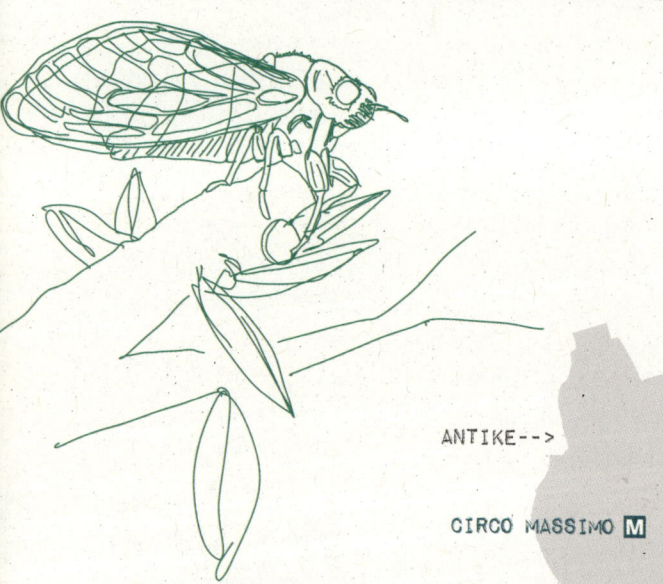

ANTIKE-->

CIRCO MASSIMO M

+ + + S T E C K B R I E F + + +
WO? VIALE DELLE TERME DI CARACALLA. ECKE VIA ANTONINA +++ METRO B CIRCO MASSIMO +++ WANN? JULI BIS ANFANG AUGUST. AN AUFFÜHRUNGSTAGEN UM 21 UHR +++ OPERAROMA.IT +++ WIE LANGE? 3 BIS 4 STUNDEN +++ WIE VIEL? AB 25 EURO +++ WICHTIG! DIE TICKETS BEKOMMT MAN BEIM TEATRO DELL'OPERA AN DER PIAZZA BENIAMINO GIGLI 7 (NÄHE TERMINI)! +++

ROMA TERMINI · Angekommen. Normalerweise führt uns unser Weg direkt zur Unterkunft. Einchecken, Gepäck abwerfen und dann erst mal ins Café oder – je nach Tageszeit – gleich in die Trattoria um die Ecke. Heute nicht. Stattdessen quälen wir uns durch die sommerheißen Straßen zum Teatro dell'Opera, in der Hoffnung, noch Karten für die heutige Aufführung zu ergattern – und haben Glück. Die freundliche Signora im Vorverkaufskabuff weiß uns sogar zwei der wenigen verbliebenen Plätze zu empfehlen. Ein paar Stunden später schlendern wir mit vielen anderen an hohen Ruinen vorbei. Die letzten Sonnenstrahlen tauchen den Park in ein sanftes Licht. Manche Besucher sind durchaus festlich gekleidet, andere kommen touristisch leger daher, aber niemand stört sich daran. Wir alle sind auf dem Weg in die Oper: Bizets *Carmen*, Aufführungsort: Caracalla-Thermen.

DIE LUXURIÖSESTE Badelandschaft der antiken Welt verbarg sich einst hinter diesen noch immer imposanten Mauern – mosaikgeschmückte Fußbodenheizung, großzügige SPA-Bereiche, kostbare Ausstattung, bis die Goten und ein Erdbeben dem römischen Badespaß ein Ende setzten. Heute dient das gepflegte Gelände als Museum – und dem römischen Opernhaus Teatro dell'Opera als Sommerbühne. Open Air ist auch die Lounge, und die steuern wir erst einmal für einen Aperitivo an. Es ist ein herrlich lauer Sommerabend. Jacketts sind lässig über die Schulter geworfen, Sommerkleider flattern im warmen Wind. Das römische Opernpublikum hält bei Wein und Häppchen noch ein Schwätzchen, bevor die Oper beginnt. Zum Präludium zirpen die Zikaden in konzertanter Lautstärke. Auch später noch, wenn die flatterhafte Carmen längst *Die Liebe ist ein wilder Vogel* intoniert haben wird, werden sie einen stimmungsvollen Background-Chor abgeben. Der Gong ertönt, und wir begeben uns mit den übrigen Opernfreunden auf unsere Plätze. Wieder einmal ist das Setting beeindruckend. Die Atmosphäre hier lässt sich nur schwer vergleichen, auch nicht mit Veronas Arena. Große Oper ganz entspannt, mit leichtem Musik-im-Sommergarten-Flair.

AUF DER BÜHNE: eine amerikanische Kleinstadt-Szenerie, Post-Western-Atmosphäre, die Grenze zu Mexiko. Von Anfang an politisiert das Bühnenbild, was die Inszenierung aufgreifen wird: Carmen als Illegale, Don José als Grenzer. Auch die Caracalla-Thermen werden effektvoll in die Kulisse eingebunden: Lichtinstallationen verwandeln die hoch aufragenden Zähne der Thermen-Ruinen in eine romantische – oder kitschige, in jedem Falle aber eindrucksvolle – Wild-West-Wüsten-Kulisse oder auch zum blinkenden, überdimensionalen Werbepfeil eines American Diners.

Vier Akte lang genießen wir den Sommerabend und eine gelungene Inszenierung der berühmten Oper, bis der Vorhang fällt, zumindest sprichwörtlich. Langer, begeisterter Applaus. Spät ist es geworden, fast 1 Uhr. Nach der letzten Verbeugung wird auch die Bühne endgültig in Dunkelheit getaucht. Der Applaus verhallt, und wir lassen uns müde, aber zufrieden ob eines gelungenen Opernabends durch die laue römische Sommernacht zum Ausgang treiben.

WENN MAN SCHON MAL HIER IST ...

... sollte man es nicht verpassen, sich auch bei Tag die Überreste der gewaltigen **Thermenanlage Caracallas** ☐→ anzusehen (im Sommer tägl. 9–19.15 Uhr, ansonsten etwas kürzer, montags nur bis 14 Uhr, 8 Euro Eintritt, unter 18 frei, coopculture.it). Kalt-, (Lau-)Warm-, Dampf- und Schwimmbäder, großzügig gestaltet, luxuriös ausgestattet und öffentlich zugänglich: 216 n. Chr. fertiggestellt, zählten die Thermen zum Besten, was die römische Wellnesswelt zu bieten hatte.

WENN MAN SCHON MAL IN ROMS ANTIKE IST

+++ SEHEN +++
+++ ESSEN +++
+++ AUSGEHEN +++
+++ SHOPPEN +++
+++ SCHLAFEN +++

+++++++++++++++ SEHEN +++++++++++++++

KAPITOL UND KAPITOLINISCHE MUSEEN

Einst wurde vom Kapitol, dem geistigen und politischen Zentrum, ein Weltreich dirigiert, heute grübelt der/die Bürgermeister/in über die Haushaltslöcher des Stadtsäckels. Und das älteste Museum der Welt lässt sich hier täglich besuchen: Seit 500 Jahren wird eine beachtliche Anzahl kunstvoller Preziosen ausgestellt wie die berühmte *Lupa Capitolina* (die Kapitolinische Wölfin), die selbstvergessene Skulptur des *Spinario* (des Dornausziehers) oder das originale *Reiterstandbild Marc Aurels*. Ganz zu schweigen von der wunderbaren Pinakothek, der stattlichen Ausstellung antiker Kunst oder auch den prachtvollen Räumlichkeiten ...

+++ PIAZZA DI CAMPIDOGLIO 1 +++ U. A. BUS 30/40/64/70 ARA COELI/PIAZZA VENEZIA +++ MUSEICAPITOLINI.ORG +++ TÄGL. 9.30–19.30 UHR +++ 15 EURO, ERMÄSSIGT 13 EURO +++

FORUM ROMANUM UND KAISERFOREN

Bis heute werden Ausgrabungen vorgenommen im Forum Romanum, dem gesellschaftlichen und politischen Mittelpunkt der römischen Antike. Für das erste Mal in Rom gehört ein mehr oder weniger intensiver Spaziergang über die Via Sacra und auf den **Palatin** zum Pflichtprogramm, vorbei an all der Pracht der Triumphbögen, Tempel und frühchristlichen Basiliken. Die **Via dei Fori Imperiali**, vom geltungssüchtigen Mussolini durch die Antike gefräst, trennt das Forum Romanum von den **Kaiserforen**: dem Foro di Nerva, dem Foro di Augusto und dem Foro di Traiano – sowie von den **Trajansmärkten** samt Museum (siehe S. 47).

+++ METRO B COLOSSEO +++ TÄGL. 8.30–19.15 UHR (IM WINTERHALBJAHR KÜRZER) +++ 12 EURO. UNTER 18 JAHRE 2 EURO +++ DAS TICKET GILT 2 TAGE FÜR KOLOSSEUM. FORUM ROMANUM UND PALATIN +++

KOLOSSEUM

Colosseo ist nur ein Spitzname. Eigentlich heißt das Wahrzeichen Roms Amphitheatrum Flavium, benannt nach den Flaviern, der Familie des Bauherrn Vespasian. Kolosseum wurde es später genannt, weil nebenan noch die kolossale Statue Neros golden in der Sonne glänzte (nach Neros Tod praktischerweise zum Sonnengott umfunktioniert). Errichtet wurde das größte Amphitheater der Antike ab 69 n. Chr. in nur elf Jahren. 54 Meter hoch, im Oval 188 x 156 Meter, 80 Eingänge, Platz für 70.000 Menschen (zum Vergleich: ins Frankfurter Waldstadion passen 51.500 Menschen), säuberlich nach Stand sortiert: Unten die VIP-Lounge, Marmorsitze für die Elite, also Kaiser, Entourage und Senatoren, darüber die Patrizier, darüber der Plebs und ganz oben wohl die Frauen. Überspannt wurde das Kolosseum von gewaltigen, ausfahrbaren Sonnensegeln.

+++ METRO B COLOSSEO +++ TÄGL. 8.30-19.15 UHR (IM WINTERHALBJAHR KÜRZER) +++ 12 EURO. UNTER 18 JAHRE 2 EURO +++ DAS TICKET GILT 2 TAGE FÜR KOLOSSEUM. FORUM ROMANUM UND PALATIN +++

 ESSEN

ENOTECA CAVOUR 313

Eine Institution! Gewaltige Auswahl an Weinen, einige davon gibt es auch im Ausschank. Hierher kommt man für einen leichten Lunch, zum umfangreichen Abendessen oder auch nur auf ein Glas Roten oder Weißen (mit oder ohne Häppchen). Tagesgerichte 9–14 Euro.

+++ VIA CAVOUR 313 +++ METRO B CAVOUR +++ CAVOUR313.IT +++ 06/6785496 +++ TÄGL. 12-14.45 UHR UND AB 18 UHR (SO AB 19 UHR) BIS CA. 23 UHR. IM AUGUST GESCHL. +++

TRATTORIA DA DOMENICO

In diesem traditionellen römischen Gasthaus wird typisch römische Küche mit original-römischem, eher herbem Charme serviert. Hauptgerichte 15–20 Euro.

+++ VIA SAN GIOVANNI IN LATERANO 134 +++ METRO B COLOSSEO +++ 06/77590225 +++ MITTAGS UND ABENDS GEÖFFNET. SONNTAGABEND UND MO GESCHLOSSEN +++

TRATTORIA LUZZI

Unglaublich beliebte Trattoria und Pizzeria. Für die Lage – kaum hundert Meter vom Kolosseum – legendär günstig und entsprechend voll. Auch mittags Pizza.

+++ VIA DI S. GIOVANNI IN LATERANO 88 +++ METRO B COLOSSEO +++ TRATTORIALUZZI.IT +++ 06/7096332 +++ 12-24 UHR GEÖFFNET. MI RUHETAG +++

CHIOSCO DA NUNZIA AL COLLE OPPIO

Kiosk mit ein paar Tischen im Parco Oppio (an der Domus Aurea vorbei den Weg hoch). Kein Geheimtipp mehr, aber ein netter Ort für eine Pause vom Antike-Marathon.

+++ VIA DELLA DOMUS AUREA +++ METRO B COLOSSEO +++ GANZTÄGIG GEÖFFNET +++

AUSGEHEN

CONCERTI DEL TEMPIETTO
Im Marcellustheater, einen Steinwurf vom Kapitol entfernt, werden im Sommer (vornehmlich klassische) Konzerte veranstaltet. Tickets gibt's online oder an der improvisierten Abendkasse am Theater.
+++ VIA DEL TEATRO DU MARCELLO 44 +++ BUS H FORO OLITORIO +++ JULI-SEPT. +++ TEMPIETTO.IT +++ AB 14 EURO +++

COMING OUT PUB
Beliebte Bar der jungen römischen LGBTQ-Community, oft Veranstaltungen. Leckere Cocktails. Tagsüber Restaurant (und auch B & B).
+++ VIA GIOVANNI IN LATERANO 8 +++ METRO B COLOSSEO +++ COMINGOUT.IT +++ TÄGL. 7-5.30 UHR GEÖFFNET +++

SHOPPEN

COIN
Modekaufhaus auf fünf Stockwerken, besonders große Auswahl für Damen, auch Accessoires, Heimtextilien etc.
+++ PIAZZALE APPIO 7 +++ METRO A/C SAN GIOVANNI +++ COIN.IT +++ TÄGL. 10-20.30 UHR GEÖFFNET +++

MUSEUMSSHOPS
Für die gepflegte Shoppingtour ist das Herz der römischen Antike nicht geeignet. Wer die Jagd nach dem passenden Souvenir nicht aufgeben oder das Angesehene durch Angelesenes vertiefen will, dem seien die vielen gut ausgestatteten Bookshops der Museen und Sehenswürdigkeiten empfohlen, z. B. in den Kapitolinischen Museen oder dem Museo dei Fori Imperiali.
+++ SIEHE DAZU DIE TIPPS UNTER SEHEN AUF S. 62 +++

++++++++++++ SCHLAFEN ++++++++++++

FORUM 🏠↑

Vier-Sterne-Luxus mit Blick auf das Forum des Augustus. Das noble Hotel (samt noblem Restaurant) ist in einem ehemaligen Kloster untergebracht. Herrlicher Blick von der Dachterrasse auf das antike Rom. Unter bestimmten Voraussetzungen und mit etwas Glück bekommt man das DZ schon für etwa 160 Euro.

+++ VIA TOR DE CONTI 25 +++ METRO B CAVOUR ODER COLOSSEO +++ HOTELFORUM.COM +++ 06/6792446 +++

HOTEL ROMANO

Jüngst renoviertes Zwei-Sterne-Hotel gegenüber vom Forum Romanum, moderne Zimmer, wenn auch recht klein. Wenige Minuten ins Ausgehviertel Monti. Gar nicht mal so teuer und auch gar nicht mal so laut. DZ 140 Euro, kein Frühstück, dafür gibt es die Bars um die Ecke.

+++ LARGO CORRADO RICCI 32 +++ METRO B COLOSSEO +++ HOTELROMANO.IT +++ 06/6786840 +++

3
CENTRO STORICO I: UM CAMPO DE' FIORI UND DAS JÜDISCHE VIERTEL

+++ ERLEBEN +++

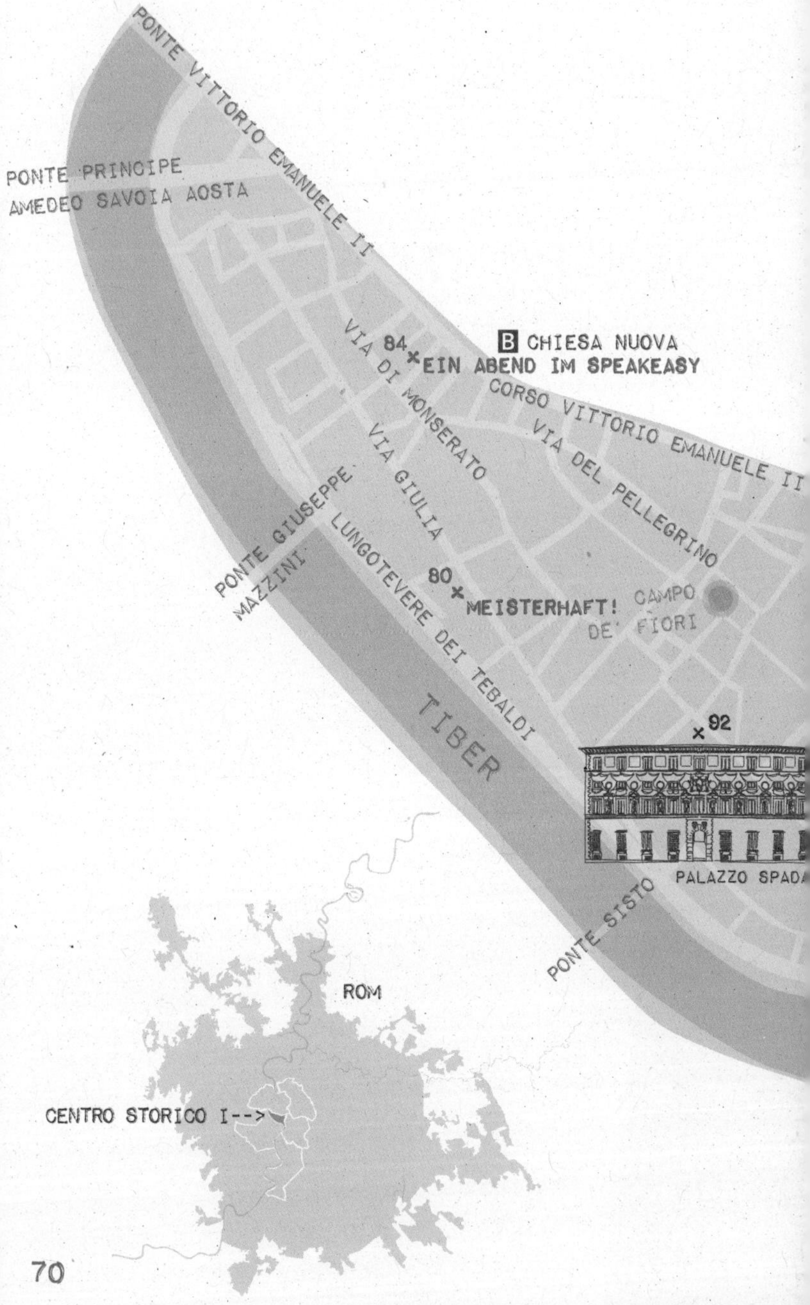

PONTE VITTORIO EMANUELE II

PONTE PRINCIPE AMEDEO SAVOIA AOSTA

VIA DI MONSERATO

84 ×
B CHIESA NUOVA
EIN ABEND IM SPEAKEASY

CORSO VITTORIO EMANUELE II

VIA DEL PELLEGRINO

VIA GIULIA

PONTE GIUSEPPE MAZZINI

LUNGOTEVERE DEI TEBALDI

80 ×
MEISTERHAFT!

CAMPO DE' FIORI

TIBER

× 92

PALAZZO SPADA

PONTE SISTO

ROM

CENTRO STORICO I -->

70

WENN ROM IRGENDWO – mit Ausnahme Trasteveres – noch mittelalterliches Flair ausstrahlt, dann hier, in der Gegend zwischen dem Corso Vittorio Emanuele II und dem Tiberufer. Schmale und überwiegend autofreie Gassen umgeben den Touristenspot Campo de' Fiori und das jüdische Viertel mit der eindrucksvollen Großen Synagoge am Fluss. Aus dem einstigen einfachen Handwerkerviertel wurde in den letzten Jahrzehnten eine angesagte Ausgehmeile mit internationalem Publikum.

3

CENTRO STORICO I

ZWISCHEN VERGEBLICHKEIT UND SCHLEUDERTRAUMA

STADTBUS FAHREN IN ROM – NICHTS FÜR LEUTE MIT TERMINEN

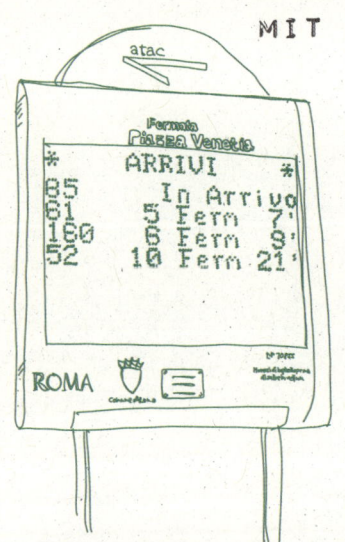

<--CENTRO STORICO I
× B T PIAZZA VENEZIA

+ + + **STECKBRIEF** + + +
WO? BUSBAHNHOF AN DER PIAZZA VENEZIA +++ ALLE BUSSE MIT STOPP AN DER PIAZZA VENEZIA +++ WANN? ZU JEDER TAGES- UND NACHTZEIT (WENN DENN EIN BUS KOMMT) +++ WIE LANGE? BIS ZUM ZIEL +++ WIE VIEL? EINFACHE FAHRT 1,50 EURO. 24 STD. 7 EURO. WOCHE 24 EURO +++ WICHTIG! BIGLIETTO AM STEMPELAUTOMATEN ENTWERTEN! +++

GÜNSTIG

MIT DER 160 ALSO. Mit diesem Bus will ich zur Villa Osio. Der Tag war lang, anstrengend und brutal heiß. Ausklingen soll er im Garten der Casa del Jazz bei guter Musik und einem Glas Wein. Zur Not ginge auch die 117, nicht aber die 85. Ich stehe an der Bushaltestelle an der Piazza Venezia. Die nachmittägliche Sonne brennt noch unerbittlich auf den Altare della Patria herab. Die Säulenreihen des gewaltigen Baus strahlen weiß wie falsche Zähne aus der Werbung. Die »Schreibmaschine« nennt der Volksmund das Gebäude, »Hochzeitstorte« oder eben auch »Gebiss«. Ich fange an, Säulenzähne zu zählen und verzähle mich prompt. Was man eben so macht, wenn man auf den Bus wartet. Wenigstens spendet der Palazzo Venezia einen schmalen Streifen Schatten. Auf der elektronischen Ankunftsanzeige steht: 160 in 9 Minuten. Das steht da allerdings schon länger, wie eingebacken.

DIE 85 KOMMT und fährt wieder. Mehrmals. Keine 160, keine 117. Da bewegt sich die Anzeige: 8, 7, 5 Minuten ... und springt wieder zurück: 11 Minuten. Zeit für ein Taxi. Wieder zählt die Anzeige im Minutentakt herunter. 3, 2, 1 und – kaum zu glauben: »in arrivo«, im Begriff anzukommen. Ich trete aus dem Schatten heraus einen Schritt nach vorne in die brennende Sonne. Nichts passiert. Die 85 kommt und fährt. Dann rattert ein Bus vorbei: »fuori servizio«, Betriebsfahrt. Die Anzeige erlischt und zeigt wieder an: 160 in 13 Minuten. Kafka hätte hier eine tolle Zeit verlebt. Kein Taxi, nirgends. Ein Fluch gerinnt auf meinen Lippen. Ich trete zurück in den Schatten. Dann, ohne Vorwarnung, die 160. Brechend voll. Ich quetsche mich hinein. Die Bustür schlägt hart in meinen Rücken. Zwei Anläufe braucht sie, um zu schließen. Dann geht es los. Die Atmosphäre ist atemberaubend. Es ist heiß, es ist stickig, es ist eng. Die Fahrt entwickelt sich zu einer rasanten Jagd über Kopfsteinpflaster. Es herrscht ohrenbetäubender Lärm: Es kracht und zischt und faucht und rumpelt. Ein infernalisches Getöse. Die Köpfe der Mitgefangenen werden hin- und hergeschleudert. Fliehkräfte wirken wie im Formel-1-Boliden. Wenigstens kann keiner umfallen.

NATÜRLICH KENNEN WIR den römischen Nahverkehr auch ganz anders – und damit meinen wir nicht das Knapp-unter-Schritt-Tempo, wenn der Getriebeschaden den zweiten Gang verweigert. Unter Verkehrung der typisch römischen Hauptstädter-Ignoranz haben Busfahrer den ein oder anderen ambitionierten Sprint auch schon mit nachträglich (!) wieder geöffneten (!) Türen honoriert. So manche Fahrt wurde (auch staubedingt) zur gemütlichen Sightseeingtour durch die Antike. Sogar neue Busse sind zuweilen unterwegs – auch wenn der Verdacht naheliegt, dass diese vielleicht geschont werden, die Straßen sind ja auch einfach zu schlecht ... Wie heute zu beweisen ist. Stadtbusfahren kann sich in Rom abenteuerlich gestalten, man weiß nie genau, was man bekommt. Meine Haltestelle kommt um die Ecke, aber ich nicht an den Bitte-halten-Knopf. Bislang hat der Bus überall angehalten. Hier nicht. Meine Haltestelle rauscht vorbei, meinem Schicksal bin ich längst ergeben. Bei der nächsten Möglichkeit steige ich aus. Das Stück zurück gehe ich zu Fuß.
Nachtrag: Ich bin übrigens rechtzeitig in der Casa del Jazz angekommen, um bei guter Musik und einem Glas Wein den Abend zu genießen (siehe S. 192). Und die Linie 117 gibt es inzwischen nicht mehr ...

> **WENN MAN SCHON MAL HIER IST:**
> An der Piazza Venezia kann man vom Dach der »Schreibmaschine« eine herrliche Aussicht auf die Stadt, das **Forum Romanum** und den **Palatin** genießen. Umsonst kommt man allerdings nicht auf den **Altare della Patria**: 10 Euro kostet der Aufzug zur **Terrazza delle Quadrighe** ⇨, für Kinder die Hälfte (tägl. 9.30–19.30 Uhr, letzte Fahrt 18.45 Uhr, rechte Seite).

DURCH DAS JÜDISCHE ROM

EIN GEFÜHRTER SPAZIERGANG DURCH DAS EHEMALIGE GHETTO

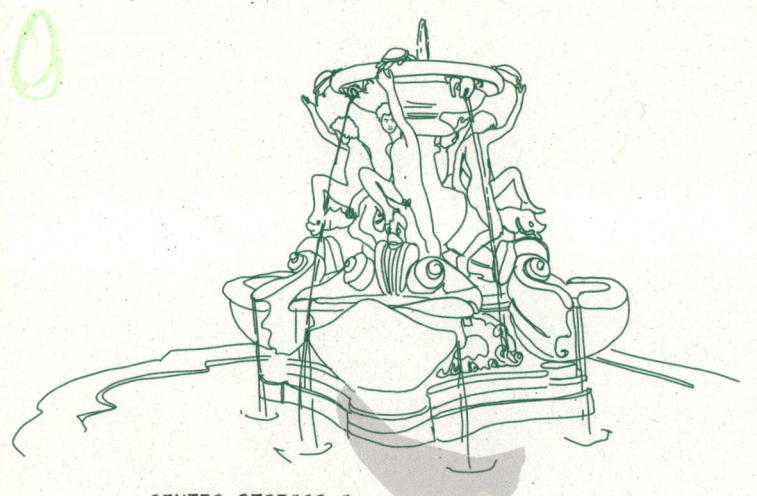

CENTRO STORICO I-->

B FORO OLITORIO

+ + + S T E C K B R I E F + + +
WO? START DER ENGLISCHEN FÜHRUNG BEI DER GROSSEN SYNAGOGE +++ BUS H FORO OLITORIO +++ WANN? SO-DO 13 UHR. FR 14 UHR (ACHTUNG: ZEITEN KÖNNEN VARIIEREN!) +++ WIE LANGE? 90 MINUTEN +++ VORANMELDUNG UND TICKETS IN DER SYNAGOGE +++. MUSEOEBRAICO.ROMA.IT +++ WIE VIEL? 8 EURO +++ WICHTIG! DIE TOUR STARTET VOR DEM EINGANG DER SYNAGOGE. TREFFPUNKT IST AN DER KASSE. WEGEN DER SICHERHEITSSCHLEUSE ETWAS ZEIT EINPLANEN! MINDESTTEILNEHMERZAHL 3 PERSONEN +++

GÜNSTIG

KEIN RÖMISCHER JUDE käme je auf die Idee, vom »Ghetto« zu sprechen. Das ist mit das Erste, was wir bei unserem Rundgang erfahren. Und dass man stattdessen von »La Piazza« spricht, wenn man den Platz, die heute so angesagte Gegend um die Große Synagoge, meint. Unser Guide heißt Patrick und kam als Kind nach dem Sechstagekrieg aus Tunesien nach Rom – reiner Zufall, denn die meisten tunesischen Juden gingen damals nach Frankreich. Unsere Gruppe ist winzig, gerade mal vier Personen interessieren sich heute für die Geschichte dieses wunderschönen Stadtviertels. Eigentlich schade, aber für uns ist das natürlich ein Glück. Gemeinsam mit Rose und Bill aus Boston, den anderen beiden in unserer Gruppe, entspinnt sich ein nettes Gespräch, zwischendurch können wir Fragen stellen, und so dauert unser kleiner Spaziergang deutlich länger als geplant.

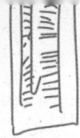

DER 16. OKTOBER 1943 hat sich hier ins kollektive Bewusstsein eingebrannt wie kein anderes Datum. Ein regnerischer Samstag, an dem die SS frühmorgens an die Türen hämmerte und den Bewohnern des Ghettos 20 Minuten zum Packen gewährte, bevor sie abtransportiert wurden: erst ins Collegio Militare auf der anderen Seite des Tibers, zwei Tage später nach Auschwitz. 1.022 römische Juden wurden an diesem Tag deportiert, fast alle am 23. Oktober ermordet, 16 von ihnen überlebten.

Wir gehen im Schneckentempo Richtung Via del Portico d'Ottavia, dem autofreien Zentrum des Viertels mit seinen vielen Restaurants, keine 100 Meter von der Synagoge entfernt. Immer wieder bleiben wir stehen und vertiefen uns in die mitgebrachten Bilder, Fotos und alten Stadtpläne unseres Guides, vergleichen die historischen Ansichten mit heute, stehen vor den Kirchen, in denen die Juden auf Anordnung des Papstes zwangskonvertiert werden sollten, können den Verlauf der hohen Ghettomauern nachvollziehen und erfahren sehr anschaulich den Charakter dieses Stadtteils vor der Einfassung des Tibers mit hohen Ufermauern Ende des 19. Jahrhunderts. Das völlig überbevölkerte Ghetto bestand von 1555 bis 1870.

HEUTE WOHNEN HIER überwiegend Zugezogene, Leute mit Geld, die sich die mittlerweile astronomischen Mieten der Gegend leisten können. Die römischen Juden leben dagegen über die ganze Stadt verteilt, traditionell in Trastevere oder auch um die Piazza Bologna, insgesamt 18 Synagogen gibt es in Rom. Ein kurzer Abstecher zur Piazza Mattei, die übrigens nicht zum nur drei Hektar umfassenden Areal des Ghettos gehörte, muss sein; zu schön ist der Platz mit seiner herrlichen Fontana delle Tartarughe, dem Schildkrötenbrunnen. Vermutlich wurden die Schildkröten von Barock-Superstar Bernini höchstselbst angefügt, als Hommage an die vertriebenen Juden, die, einer Schildkröte gleich, ihr Hab und Gut ständig bei sich tragen mussten.

Wir wollen den Erzählungen unseres Guides am liebsten noch stundenlang zuhören, doch leider ist die Zeit mehr als um. Bevor wir uns verabschieden, teilen wir uns aber noch ein paar von den unglaublich köstlichen koscheren Mandelkeksen, die wir schnell in der legendären Pasticceria Boccione di Limentani am Eck der Via del Portico d'Ottavia gekauft haben.

WENN MAN SCHON MAL **HIER** IST ...

... sollte man unbedingt die hervorragende **jüdisch-römische Küche** probieren, z. B. den Klassiker Carciofo alla Giudia □→, die Artischocke nach jüdischer Art, im Ofen gebacken. Dafür empfehlen wir das **Ristorante Al Pompiere** an der Piazza Cinque Scole (Via S. M. Calderari 38, So geschl., alpompiereroma.com) oder aber das berühmte **Da Giggetto** neben dem römischen Portico d'Ottavia (Via del Portico d'Ottavia 21/a, Mo geschl., giggetto.it).

MEISTERHAFT!

DIE KONZERTE DER SCHÜLER DES CONSERVATORIO S. CECILIA

CENTRO STORICO I-->   B CHIESA NUOVA

+ + + S T E C K B R I E F + + +
WO? OFF/OFF THEATRE. VIA GIULIA 19-21 +++
BUS 40/64 CHIESA NUOVA +++ WANN? SONNTAGS UM
12 UHR +++ OFF-OFFTHEATRE.COM +++ WIE LANGE?
ETWA 60-90 MINUTEN +++ WIE VIEL? KOSTENLOS! +++

KOSTENLOS. FAMILIENFREUNDLICH

EINS VORNEWEG: Heute haben wir wirklich Glück. Wir stehen im Foyer eines kleinen Theaters inmitten zahlreicher Besucher, die sich wie wir dem schönen Frühsommerwetter zum Trotz hier eingefunden haben, um ein Konzert zu hören. Sonntags zur Mittagszeit. Punkt 12 Uhr wird der leuchtend rote, schwere Samtvorhang effektvoll zu Seite geschoben, nein, gehoben. Das Publikum strömt in den Zuschauerraum des Theaters, das eher wie ein schnuckliges Programmkino wirkt. Aus dem angrenzenden Bistrò ist das Stimmen der Instrumente zu hören. Wie im Orchestergraben. Hier aber hat der unverkennbare Klangteppich seinen ganz eigenen Sound: Das Blech fehlt, und auch die hohen Töne. Es ist ein satter, einheitlich dunkler Ton, der ankündigt, was uns erwartet: Es spielen die Violoncello-Schüler des Conservatorio Santa Cecilia.

DIE TRADITIONSREICHE Musikschule, die gemeinsame Wurzeln mit dem weltberühmten Orchester der Accademia Nazionale di Santa Cecilia hat, residiert heute in der Via dei Greci 18. Seinen Schülern bietet das Konservatorium nicht nur die obligatorische Ausbildung am Instrument, sondern auch das Stahlbad für jeden Musiker: Bühnenerfahrung. Und die gibt es, dank der Concerti della Domenica, neuerdings in der Via Giulia im OFF/OFF theatre. Vom ersten Ton an dirigiert der Direttore sein *Ensemble di violoncelli* mit großer Hingabe durch das abwechslungsreiche Programm. Im lockeren Wechsel verbindet sich die Pflicht mit der Kür. Wir hören das Adagio einer Sonate des italienischen Komponisten Luigi Boccherini, ein Capriccio des belgischen Komponisten und Violoncello-Virtuosen Adrien-François Servais, aber auch zeitgenössische Stücke. Dazwischen: Popsongs, arrangiert für elf Cellos. Gut, *Viva la Vida* der Rockband *Coldplay* bietet sich für Cellos an. Bei *With or Without You* von *U2*, sind wir uns einig, dass das die beste Version war, die wir je gehört haben – und könnten schwören, dass eine Cellostimme auch Bonos Geheule imitiert! Und Stings *Fragile* ist eigentlich aufnahmereif. Natürlich wackelt hier und da mal was, quietscht ein wenig oder scheppert, aber die jungen Musiker spielen mit Verve, und das Publikum ist ohnehin freundlich und geneigt, die Stimmung entspannt und familiär.

DANN DAS GRANDE FINALE: Schon bei Michael Jacksons *Smooth Criminal* geht gewaltig die Post ab. Elf Cellos zupfen, klopfen, schlagen und streichen, was der Klangkörper hergibt. In bester *Apocalyptica*-Tradition folgt ein absolut überzeugendes, kraftvoll vorgetragenes *Nothing Else Matters* von *Metallica*, um konsequenterweise mit finnischem Cello-Metal zu schließen: *Path* von *Apocalyptica* selbst, ein Klassiker, ewig nicht gehört, was für ein Spaß!

Die elf Cellisten geben alles, genauso wie ihr Dirigent, der sich nicht zu schade ist, auch mal effekt- und geräuschvoll zu hüpfen, wenn die Heavy-Metal-Choreo es erfordert. Nach dem letzten Schrumm bricht sich Begeisterung Bahn. Den tosenden Applaus haben sich die Schüler und ihr engagierter Lehrer redlich verdient. Wie gesagt, wir hatten Glück: Das Konzert des Violoncello-Ensembles war fantastisch! Natürlich wissen wir nicht, wie sich andere Ensembles des Conservatorio Santa Cecilia auf der Bühne schlagen. Aber hingehen und zuhören werden wir mit Sicherheit wieder bei der nächsten Gelegenheit.

WENN MAN SCHON MAL HIER IST:
Ein sonntäglicher Spaziergang bietet sich an, vorbei am prachtvollen **Palazzo Farnese** und durch die engen Gassen □→. Über den autofreien Ponte Sisto gelangt man bequem nach **Trastevere** (siehe S. 156). Wer die Via Giulia in nordwestlicher Richtung weitergeht, gelangt zum **Vatikan** (siehe S. 128).

EIN ABEND IM SPEAKEASY

THE JERRY THOMAS PROJECT

×B CHIESA NUOVA

CENTRO STORICO I-->

+ + + S T E C K B R I E F + + +
WO? VICOLO CELLINI 30 +++ BUS 40/64 CHIESA NUOVA +++ WANN? MO-SA 22-4 UHR. SO 21-3 UHR +++ WIE LANGE? HÄNGT VON DER TRINKFESTIGKEIT AB. ES GIBT NUR ALKOHOLISCHES +++ WIE VIEL? COCKTAILS 12 BIS 20 EURO +++ WICHTIG! RESERVIERUNGEN OBLIGATORISCH. NUR TELEFONISCH DI-SA 14-18 UHR UNTER 370/1146287. DAS PASSWORT IST ÜBER DIE WEBSITE HERAUSZUFINDEN. ES WECHSELT VON ZEIT ZU ZEIT. KEINE KREDITKARTEN! +++ THEJERRYTHOMASPROJECT.IT +++

NACH DEM PASSWORT fragt uns der junge Mann mit gepflegtem Vollbart und feinem Dreiteiler in der schummrigen Gasse gleich beim Corso Vittorio Emanuele II. Wir stehen vor der schwarz lackierten Eingangstür mit messingpoliertem Namensschild, die mehr von Downing Street No. Ten hat als von irgendeiner Location südlich der Alpen. Zuvor hatten wir bei Prof. Jerry Thomas geklingelt. Wir teilen Passwort und Reservierung mit, und die ohnehin nur einen Spalt geöffnete Tür schließt sich wieder. Etwas ratlos stehen wir zwei einen Moment allein in dem Gässchen, bevor die Tür weit aufgerissen wird und uns der Portier, im Schlepptau eine gut gelaunte Kellnerin, herzlich willkommen heißt. Sofort werden wir hineingezogen, wie in einem Sog: in eine andere, aufregende Welt aus längst vergangenen Zeiten.

DIE JUNGE KELLNERIN mit ihren schwarzen Locken, dem sehr roten Lippenstift und einem Kleid mit weißen Polka Dots bringt uns zu unseren Plätzen an der Bar. Wir laufen über Orientteppiche, vorbei an braunledernen Sitzgruppen, auf denen ausgelassene Menschen mit Drinks in der Hand sitzen, und alten Fotos an den Wänden: Ich erkenne den jungen Frank Sinatra bei seiner Verhaftung ... Es läuft New-Orleans-Jazz und lässiger Jazz aus der Swing-Ära. Wow, in welchem einmalig supercoolen Film sind wir denn hier gelandet? Irgendeiner aus der Zeit der Prohibition der 1920er, so viel ist sicher. Aus der Zeit, als man nur im Verborgenen feiern und trinken konnte – als gäbe es kein Morgen.

»Speakeasy« wurden diese geheimen Flüsterkneipen genannt, in denen der verbotene Alkohol hochprozentig und eimerweise ausgeschenkt wurde. »Professor« Jerry Thomas übrigens war einer der berühmtesten Bar-Tender der Welt, der »Godfather of Mixology«, Erfinder zahlreicher zeitloser Cocktailklassiker und Autor des legendären *The Bar-Tender's Guide* von 1862. Und hier, im römischen »Jerry Thomas«, wird nach alten Rezepten gemixt und dabei eine eigene Handschrift kreiert. Der Name verpflichtet.

ANDREA HEISST UNSER BARKEEPER,

und es besteht kein Zweifel, dass er sein Handwerk versteht. Wir einigen uns sofort auf einen Champagnercocktail – einer der Bestseller im Jerry Thomas, den er auch im Schlaf mixen könne, wie uns Andrea erzählt – und einen Gin & Pine, der den Unerfahrenen schon ein wenig in die Knie gehen lässt. Während wir so sitzen, schauen wir Andrea bei der Arbeit zu, der dabei aber Zeit für ein wenig Smalltalk hat, uns ständig frisches Eiswasser nachschenkt und uns nebenbei auch noch mit ofenwarmer Focaccia versorgt. Was den nächsten Drink betrifft, werden wir uns schnell einig: Da ich die ganz harten Sachen nicht mag, soll es diesmal der Spring Collins sein, eine fruchtig-leichte Mischung aus Gin, Lemon, Soda, Minze und einer geheimen Zutat, die natürlich nicht verraten wird. Berufsgeheimnis, das verstehen wir.

Auf der Unisex-Toilette hängen Pin-ups aus den Zwanzigern, und es läuft lautstark Oper – der Laden ist extravagant bis ins Detail. Ja, das Jerry Thomas Project ist ein ziemlich besonderer Ort in Rom. Jeder sollte einmal hier gewesen sein.

WENN MAN SCHON MAL HIER IST:

Ein nächtlicher Spaziergang in dieser Gegend der Altstadt führt fast unweigerlich auch zum **Campo de' Fiori**, dessen düsterer Wächter Giordano Bruno am Abend eine ganz besondere Ausstrahlung hat ▢→. Zum Vatikan blickt die Skulptur des genau an dieser Stelle im Jahr 1600 wegen Ketzerei verbrannten Dominikanermönchs, als wolle er die Kirche noch heute eindringlich und anklagend auf das ihm widerfahrene Unrecht hinweisen.

WENN MAN SCHON MAL IM CENTRO STORICO I IST

+++ SEHEN +++
+++ ESSEN +++
+++ AUSGEHEN +++
+++ SHOPPEN +++
+++ SCHLAFEN +++

SEHEN

LARGO DI TORRE ARGENTINA

Der Largo Argentina, so die gängige Kurzform, ist einer *der* Verkehrsknotenpunkte der Innenstadt – aber noch viel mehr: Er ist auch Area Sacra mit gleich vier antiken römischen Tempeln aus dem 3./2. Jahrhundert v. Chr., deutlich unter dem heutigen Straßenniveau. Da man nicht wusste, wem sie geweiht wurden, benannte man sie schlicht in A, B, C und D; in Letzterem wähnte man lange Zeit den Ort, an dem Julius Caesar gemeuchelt worden war, mittlerweile geht man davon aus, dass sich der Mord in der Kurie des Pompeius, ein Stück weiter westlich, abgespielt hat. Heute befindet sich in dem »tiefergelegten«, autofreien Areal auch ein Katzenasyl (romancats.com).

+++ LARGO DI TORRE ARGENTINA +++ U.A. BUS 30/40/64/70/81 ARGENTINA +++ JEDERZEIT FREI EINSEHBAR +++

IL GESÙ

Il Gesù ist die Mutter aller gegenreformatorischen Kirchen, und mehr Barock geht nicht. Draußen tost ununterbrochen der Verkehr vorbei, hier drinnen herrscht andächtige Stille – nur nicht um 17.30 Uhr: Dann wird in einer Mischung aus Andacht, Light- und Music-Show der Ordensgründer der Jesuiten, der Hl. Ignatius von Loyola, angemessen in Szene gesetzt.

+++ PIAZZA DEL GESÙ +++ U. A. BUS 30/40/64/70/81 ARGENTINA +++ TÄGL. 7-12.30 UHR UND 16-19.45 UHR GEÖFFNET +++

TIBERINSEL

Roms einzige Insel, die Isola Tiberina, beherbergt schon seit der Antike ein Krankenhaus. Von der Synagoge aus gelangt man über den autofreien **Ponte Fabricio** aus dem Jahr 62 v. Chr. hierher – das ist die älteste erhaltene Brücke der Stadt! Von der Tiberinsel aus sieht man auch den **Ponte Rotto**, die Überreste einer noch älteren Tiberbrücke, die aber beim verheerenden Hochwasser 1598 zerstört wurde. Im Sommer findet auf der Tiberinsel Open-Air-Kino statt.

+++ ISOLA TIBERINA +++ BUS H FORO OLITORIO +++ JEDERZEIT FREI ZUGÄNGLICH +++

← GROSSE SYNAGOGE

Roms Große Synagoge ist ein prachtvoller Bau am Tiberufer, entstanden 1899 bis 1904, bald nach der Auflösung des Ghettos 1870. Das **Museo Ebraico** im UG erzählt in sechs Sälen die Geschichte der Juden Roms, die Synagoge selbst kann nur im Rahmen einer Führung (auch englischsprachig) besichtigt werden und ist zudem Startpunkt für Führungen durch das ehemalige Ghetto (siehe S. 76).

+++ VIA CATALANA/LARGO 16 OTTOBRE 1943 +++ BUS H FORO OLITORIO +++ 06/68400661 +++ APRIL-SEPT. SO-DO 10-18 UHR, FR 10-16 UHR, OKT.-MÄRZ SO-DO 10-17 UHR, FR 9-14 UHR +++ EINTRITT 11 EURO, ERMÄSSIGT 8 EURO, FÜHRUNG INKL. (ETWA STÜNDLICH) +++ MUSEOEBRAICO.ROMA.IT +++

PALAZZO SPADA

Berühmt ist Francesco Borrominis *Prospettiva* im Innenhof, ein Meisterwerk der optischen Täuschung! Im zweiten Stock des Palazzo zeigt die **Galleria Spada** rund 200 Gemälde, Möbel, Uhren, Büsten usw.

+++ PIAZZA CAPO DI FERRO 13 +++ TRAM 8 ARENULA/CAIROLI +++ MI-MO 8.30-19.30 UHR GEÖFFNET +++ EINTRITT 5 EURO, ERMÄSSIGT 2.50 EURO +++ GALLERIASPADA.BENICULTURALI.IT +++

 ESSEN

DITIRAMBO

Kleines sympathisches Ristorante in rustikalem Chic. Wechselnde Speisekarte, nicht zu teuer, auch eine gute Auswahl an Vegetarischem – was will man mehr, mit dem Campo de' Fiori gleich ums Eck?

+++ PIAZZA DELLA CANCELLERIA 74/75 +++ BUS 64 C.SO VITTORIO EMANUELE/S.A. DELLA VALLE +++ RISTORANTEDITIRAMBO.IT +++ 06/6871626 +++ DI-SO 12.45-15.15 UHR UND 19-23.30 UHR (SO BIS 23 UHR). MO 19-23 UHR +++

OPEN BALADIN ↦

Hier wird auf der Craft-Beer-Welle gesurft, es gibt unendlich viele Biersorten aus der gleichnamigen Brauerei im Piemont und als Grundlage super Burger (auch vegetarisch/vegan). Abends wird es richtig voll, besser reservieren!

+++ VIA DEGLI SPECCHI 6 +++ TRAM 8 ARENULA/CAIROLI +++ BALADIN.IT/OPEN-BALADIN-ROMA +++ 06/6838989 +++ TÄGL. 12-2 UHR +++

DAR FILETTARO A SANTA BARBARA

Uralt eingesessenes Lokal, heiß geliebt von Römern und Touristen. Hier isst man Filetti di Baccalà (frittierten Stockfisch), dazu Insalata di Puntarelle – echte römische Hausmannskost!

+++ LARGO DEI LIBRARI 88 +++ U.A. BUS 30/40/64/70/81 ARGENTINA +++ 06/6864018 +++ MO-SA 17.30-23 UHR +++

ROSCIOLI CAFFÈ

Der neue schicke Spot für einen schnellen Caffè am Tresen. Auch Pasticceria, Mittagstisch, Aperitivo, Cocktails.

+++ PIAZZA CAIROLI 16 +++ U.A. BUS 30/40/64/70/81 ARGENTINA +++ ROSCIOLICAFFE.COM +++ 06/89165330 +++ MO-SA 7-23 UHR, SO 8-18 UHR +++

AUSGEHEN

IL GOCCETTO
Einladende Enoteca, Treffpunkt für Weinliebhaber und Genießer, es gibt auch Essen. Erkennbar an der Menschentraube davor (alle mit einem Glas Wein in der Hand).
+++ VIA DEI BANCHI VECCHI 14 +++ BUS 40/64 CHIESA NUOVA +++ FACEBOOK.COM/ILGOCCETTO +++ 12-24 UHR GEÖFFNET. SO GESCHL.. MO AB 18.30 UHR +++ KEINE RESERVIERUNGEN! +++

TEATRO ARGENTINA
Gibt es schon seit 1731, 1816 wurde der *Barbier von Sevilla* hier uraufgeführt. Italienische Klassiker und Komödien. Man sollte ein wenig Italienisch können.
+++ LARGO DI TORRE ARGENTINA 52 +++ U. A. BUS 30/40/64/70/81 ARGENTINA +++ TEATRODIROMA.NET +++

SHOPPEN

LEONE LIMENTANI
In diesem labyrinthischen Haushaltswarengeschäft finden Sie fast alles, was es an Glas, Porzellan etc. gibt, teils bis zur Decke gestapelt, anderes edel im Showroom inszeniert.
+++ VIA PORTICO D'OTTAVIA 48 +++ BUS H FORO OLITORIO +++ LIMENTANI.COM +++ MO-SA 10-19.30 UHR GEÖFFNET +++

LIBRERIA DEL VIAGGIATORE

Nein, Hugh Grant schaut nicht treudoof um die Ecke, doch kann man auch in dieser Reisebuchhandlung wunderbar schmökern. Tolle Bildbände, viele auch auf Englisch.

+++ VIA DEL PELLEGRINO 165 +++ BUS 40/64 CHIESA NUOVA +++ FACEBOOK.COM/PG/LIBRERIA DELVIAGGIATORE/ABOUT +++ MO-SA 10.30-19.30 UHR GEÖFFNET +++

SCHLAFEN

INDIGO ROME – ST. GEORGE

Super stylishes Fünf-Sterne-Hotel in Bestlage der Via Giulia mit kleinem Spa und Dachterrasse (im Sommer Bar/Restaurant). Noch recht neu in einem aufwendig renovierten Altstadtpalazzo, bestens gepflegt. DZ um 350 Euro (am Wochenende oft deutlich teurer).

+++ VIA GIULIA 62 +++ BUS 64 C.SO VITTORIO EMANUELE/TASSONI +++ 06/686611 +++ ROMESTGEORGE.HOTELINDIGO.COM +++

CAMPO DE' FIORI

Molto romantico! Efeuumranktes Boutiquehotel, keine zwei Minuten vom Campo de' Fiori. Relativ kleine Zimmer, manche sehr klein, barock-opulente Ausstattung, renoviert. Der Hit ist die hübsche Dachterrasse mit Blick. Die Preise variieren stark, in der Dependance (ein paar Häuser weiter) meist deutlich günstiger. DZ um 250 Euro (in der Nebensaison und bei früher Buchung weniger).

+++ VIA DEL BISCIONE 6 +++ BUS 64 C.SO VITTORIO EMANUELE/S. A. DELLA VALLE +++ 06/6874886 +++ HOTELCAMPODEFIORI.COM +++

4
CENTRO STORICO II:
VON DER PIAZZA DEL POPOLO BIS ZUR PIAZZA VENEZIA

+++ ERLEBEN +++

DAS BAROCKE ROM. Wo soll man nur zuerst hingehen, bei all der Pracht? Zur Piazza Navona: Wunderbares Gesamtkunstwerk und schrecklich überlaufener Hotspot. Dann zur Piazza del Popolo, von der Shoppingmeilen abstrahlen wie die Erleuchtung von barocken Gemälden. Da die Macht mit der Pracht bekanntlich ganz gut kann, wundert es nicht, dass sich hier das Regierungsviertel angesiedelt hat. Mittendrin erträgt das Pantheon seit bald 2.000 Jahren stoisch alle Regierungskrisen.

SCHMUTZIGE FÜSSE UND EIN BEHUTSAMES PFERD 108

123

BERNINI VOR ACHT 100

124

CASA DI GOETHE

123

VERBLASSTER MYTHOS ×116   M SPAGNA
                     ×   124
          112 ZU HAUSE BEI
               DEN DE CHIRICOS

KEATS-SHELLEY-HOUSE

ROM

CENTRO STORICO II -->

B CORSO MINGHETTI

122
         104
IT DEM PRINZEN ×
AUF AUDIOTOUR

PANTHEON

PIAZZA VENEZIA

CENTRO STORICO II

4

BERNINI VOR ACHT

EIN SPAZIERGANG ZU BERNINIS SKULPTUREN UND BRUNNEN IN DER INNENSTADT

CENTRO STORICO II-->

SENATO

+ + + S T E C K B R I E F + + +
WO? PIAZZA NAVONA UND PIAZZA DELLA MINERVA
+++ BUS 70 RINASCIMENTO +++ WANN? FRÜH AM
MORGEN +++ WIE LANGE? BIS DER ARBEITSTAG BE-
GINNT +++ WIE VIEL? KOSTENLOS +++

100 KOSTENLOS, FAMILIENFREUNDLICH

RATTERND WERDEN beim Kiosk am Eck die metallenen Jalousien hochgezogen. Ein Müllwagen biegt um die Ecke und verschwindet. Ein hektischer früher Rollkoffer holpert über das Pflaster. Dann wird es plötzlich still auf der Piazza Navona. Zweifellos ist sie einer der schönsten Plätze der Welt, und das ist wahrlich kein Geheimnis. Einsam ist man hier meist nur gemeinsam, und eine gewisse Geräuschpegeltoleranz ist auch hilfreich. Jetzt aber senkt sich eine fast unwirkliche Ruhe über den Platz. Nur das Rauschen des Wassers in den Brunnen. In der Ferne Straßenlärm. Auf einem Balkon frühstückt ein Paar, die Tische der Touristenrestaurants sind noch zusammengestellt. Ein kleiner Hund bellt und jagt seinen Ball. Zwischen den Brunnen liegen Yogamatten im Kreis, schweigend und flüssig wird der Sonnengruß geübt. Es schlägt 7 Uhr.

GIAN LORENZO BERNINI war ein Genie. Im Laufe seiner fulminanten Karriere hat sich der Bildhauer und Architekt wie kein anderer in Roms kunstvolles Stadtbild gemeißelt. In der Mitte der Piazza Navona sprudelt seine Fontana dei Quattro Fiumi, der weltberühmte Vierflüssebrunnen. Ungeheuer lebendig erheben sich die Herren Donau und Ganges, Nil und Rio de la Plata über das Wasser. Aus dem Innern des Brunnens scheint gleich verschreckt ein Pferd zu springen, während sich auf der anderen Seite ein mächtiger Löwe zum Trinken kniet. Ich stehe nun wirklich nicht zum ersten Mal hier und entdecke doch immer wieder neue Details – heute zum Beispiel, dass das aufgerissene Maul eines der Meeresungeheuer als Abfluss dient. Besonders schön ist es hier am frühen Morgen – so wie jetzt – oder am ganz späten Abend. Dann hat man all die faszinierenden Facetten fast für sich.

Schließlich reiße ich mich los und gehe weiter Richtung Pantheon. Bei Eustacchio widerstehe ich der Versuchung hineinzugehen, um einen Kaffee zu trinken, genauer gesagt den Gran Caffè, eine Spezialität zubereitet nach Geheimrezept. Mein Blick fällt zurück: Hier schraubt sich das wunderbare Türmchen von Sant'Ivo des Baumeisters Borromini – Berninis großem Widersacher – in den römischen Himmel.

SCHWER TRÄGT DER KLEINE ELEFANT an seinem Obelisken und scheint doch so fröhlich, fast verschmitzt zu lächeln. Für mich eine der schönsten Skulpturen der Stadt. Berninis Elefant soll übrigens falsch herum auf der Piazza gleich hinter dem Pantheon platziert sein: Nach einem Streit mit seinen Auftraggebern – der Obelisk und sein Träger stehen vor einem Gebäude des Dominikanerordens – habe Bernini diesen, so ist es überliefert, eine spiegelverkehrte Skizze vorgelegt. Seither streckt der heitere Dickhäuter den Dominikanern sein Hinterteil entgegen. Um den Rundgang komplett zu machen, fehlt jetzt eigentlich noch der von Delfinen getragene Meeresgott – der Brunnen, den Bernini für die Barberini (erkennbar an deren fleißigen Wappentieren: den drei Bienen) anfertigte. Das wäre jetzt aber doch ein ganzes Stück zu laufen … und bestimmt donnert bereits der frühe Berufsverkehr um den Triton auf der Piazza Barberini. Zudem ist die Zeichenzahl, die mir für dieses Stadtabenteuer zur Verfügung steht, nahezu aufgebraucht. Also spaziere ich am Pantheon vorbei ins nahe Tazza d'Oro auf einen Caffè, den vielleicht besten der Stadt.

WENN MAN SCHON MAL **HIER IST**:

Natürlich sind auch die beiden **anderen Brunnen auf der Piazza Navona** – der jagende Neptun und der mit einem Fisch ringende Moro – einen kunstsinnigen Blick und speicherkartenfüllende Fotoshootings wert. Und wo gibt's nun den besten Kaffee der Stadt? Bei **Eustacchio** oder im **Tazza d'Oro** ▢→? Nun, zum Caffè-Streit will ich mich nicht äußern. Beide sind Institutionen unter den römischen Kaffeehäusern, beide empfehlenswert. Probieren Sie's aus und entscheiden Sie selbst.

MIT DEM PRINZEN AUF AUDIOTOUR

EIN BESUCH IM PALAZZO DORIA PAMPHILJ

CENTRO STORICO II-->

CORSO MINGHETTI

+ + + S T E C K B R I E F + + +
WO? VIA DEL CORSO 305 +++ BUS 85 CORSO MINGHETTI +++ WANN? TÄGL. 9-19 UHR. AM 3. MITTWOCH IM MONAT GESCHLOSSEN +++ WIE LANGE? CA. 1,5 BIS 2 STUNDEN +++ WIE VIEL? 12 EURO + 2 EURO FÜR DIE PRIVATGEMÄCHER. AUDIOGUIDE (AUF ENGLISCH) INKL. +++ DORIAPAMPHILJ.IT +++

MIT DEM PRINZEN IM OHR begebe ich mich auf Wanderschaft durch den prachtvollen Palazzo Doria Pamphilj. Gemeint ist natürlich der Audioguide, den aber der Prinz Jonathan Doria Pamphilj selbst eingesprochen hat, in distinguiertem British English, by the way. Er selbst hat die Audioguides im Jahr 1998 etabliert, bei Wiedereröffnung der Galleria nach langer Renovierung, als einer der Ersten in Rom. Heute gibt es kaum noch ein größeres Museum ohne die praktischen Geräte – zum Glück, denn oft sind diese ja eine hervorragende Möglichkeit, aus einer Flut von Informationen das Wichtige herausgefiltert zu bekommen – nach dem viel zitierten Motto: Man sieht nur, was man weiß. Meine Audiotour mit dem Hausherrn beginnt jedenfalls im selbstredend prachtvollen Salone del Pussino (Poussin) und mit den Worten »When I was a child ...«. Besagter Salone del Pussino war in den Kindertagen des Prinzen übrigens an eine Bank vermietet, die hier ihre Veranstaltungen in repräsentativem Ambiente ausrichtete.

DIE DORIA PAMPHILJS sind eine der reichsten Familien in Rom, der Gebäudekomplex des verzweigten Palazzo mit seinen 1.000 (!) Räumen hier in der Via del Corso soll über eine Milliarde Dollar wert sein. Die »good fortunes of my family«, so der O-Ton des Prinzen in aristokratischer Bescheidenheit, nahmen ihren Lauf, als Giovanni Battista Pamphilj 1644 den Papstthron bestieg und sein Neffe Camillo 1647 die wunderschöne und steinreiche Witwe Olimpia Aldobrandini heiratete – für die er, Skandal!, sogar sein Kardinalsamt niederlegte. Olimpias Mitgift von u. a. rund 100 Gemälden haben wir diese wohl prachtvollste private Kunstsammlung der Stadt zu verdanken, aber auch dem Gespür Camillos für die Kunst: Er kaufte Caravaggio, als dieser mega-out war. Heute sind seine Bilder die Highlights der Galleria.

Die Audiotour führt mich in die berühmte Galleria degli Specchi, deren effektvolles Lichtspiel ich, wie Prinz Jonathan hofft, ebenfalls absolut »dazzling« finde, und in den ältesten Teil des Palazzo, den Aldobrandini-Flügel.

BESONDERS SPANNEND finde ich jedoch den Rundgang durch die Appartamenti privati und die damit verbundenen Kindheitserinnerungen des Prinzen Jonathan, der heute mit seinem Mann und den zwei Kindern einige Räume in einem anderen Flügel des Komplexes bewohnt. Seine Erklärungen und Anekdoten sind eine gelungene Mischung aus hochinteressanter Familienhistorie, persönlichen Erinnerungen – viele seiner Sätze fangen mit »when I was a child ...« an – und Kunstgeschichte. Natürlich, man kann auch einzig und allein wegen der Kunst herkommen und wird beglückt sein von Tizian, Veronese, Caravaggio, Velasquez' Porträt von Innozenz X. und Berninis meisterhafter Büste desselben. Aber man kann eben auch erfahren, wo Jonathan und seine Schwester einst ihre neuen Rollschuhe ausprobiert haben: auf dem Terrakottaboden der Sala dei Velluti aus dem 17. Jahrhundert nämlich ... und es gab damals wohl mächtig Ärger deswegen.

Vielen Dank, sehr geehrter Prinz Jonathan Pamphilj, dass Sie mich zu dieser persönlichen Wohnungsbesichtigung mitgenommen haben!

WENN MAN SCHON MAL HIER IST:

Ein weiterer riesiger Komplex nur wenige Meter entfernt vom Palazzo Doria Pamphilj ist der **Palazzo Venezia** □→ an der gleichnamigen Piazza mit irrem Verkehr. Auch dieser Palazzo gehörte einst einem Papst, heute ist darin ein **Kunstmuseum** mit einer beachtlichen Sammlung aus dem 13. bis 18. Jahrhundert zu Hause, deren Glanzlicht vielleicht die Mappamondo, eine Weltkarte aus dem 16. Jahrhundert, ist (Piazza Venezia 3, Di–So 8.30–19.30 Uhr, Eintritt 10 Euro, ermäßigt 5 Euro).

SCHMUTZIGE FÜSSE UND EIN BEHUTSAMES PFERD

ZU CARAVAGGIOS KUNST IN DEN KIRCHEN ROMS

+ + + **S T E C K B R I E F** + + +
WO? IN DEN KIRCHEN SAN LUIGI DEI FRANCESI, SANT' AGOSTINO UND SANTA MARIA DEL POPOLO +++ BUS 70 SENATO +++ **WANN?** SAN LUIGI DEI FRANCESI: 9.30-12.45 UHR (SO AB 11.30 UHR) UND 14.30-18.30 UHR. SANT' AGOSTINO: 7.45-12 UHR UND 16-19.30 UHR. SANTA MARIA DEL POPOLO: 7-12 UHR UND 16-19 UHR +++ **WIE LANGE?** CA. 1,5 STUNDEN +++ **WIE VIEL?** KOSTENLOS, WENN MAN SICH DURCH DIE BELEUCHTUNG SCHNORRT. WILL MAN SELBST DAS LICHT ANMACHEN, KOSTEN EIN PAAR MINUTEN LICHT ZWISCHEN 1 UND 2 EURO +++ **WICHTIG!** FOTOGRAFIEREN NATÜRLICH NUR OHNE BLITZ! +++

»INCREDIBILE!«, flüstert eine Kunststudentin neben uns: »La Luce!« Natürlich meint sie nicht die Scheinwerfer, die angehen, als wir einen Euro in den Automaten werfen. Sie meint das Licht, das in den Gemälden erstrahlt. »Unglaublich!«, haben auch wir vor Jahren geflüstert, als wir zum ersten Mal hier standen. Wir reden von San Luigi dei Francesi, hübsch, kunsthistorisch aber eher zweite Reihe – wäre da nicht diese kleine Kapelle, linkes Seitenschiff, ganz hinten: Hier hängen drei Caravaggios. Dazu muss man wissen: Etwa 60 Gemälde gibt es, die Michelangelo Merisi, genannt Caravaggio, sicher zugeschrieben werden, über ein Drittel davon hängt in Rom. Die Galleria Borghese (siehe S. 28) oder der Palazzo Doria Pamphilj (siehe S. 104) sollten das natürliche, perfekt ausgeleuchtete Habitat dieser Meisterwerke sein. Möchte man meinen. Sechs der 23 römischen Caravaggios aber hängen, öffentlich und kostenlos zugänglich, in Kirchen!

DIE DREI CARAVAGGIOS in San Luigi dei Francesi gehören genau hierhin: Die Ausstattung der Contarelli-Kapelle war 1599/1600 das öffentliche Debüt des skandalumwitterten, streitbaren Künstlers. Eine französische Schulklasse gesellt sich zu uns. Der Lehrer weist in kreisender Geste zwischen der *Berufung*, dem *Martyrium* und dem *hl. Matthäus mit Engel* hin und her. Vielleicht spricht er mit gedämpft euphorischer Stimme über den dramatischen Hell-Dunkel-Effekt, das einfallende Licht in der *Berufung des hl. Matthäus*, um das ungläubige Staunen des Berufenen zu fokussieren, oder über die kraftvolle, konzentrische Bewegung im *Martyrium*, der sich nur der Engel widersetzt. Jedenfalls ist er nicht der Einzige, der zu den Gemälden etwas zu sagen hat. Die Gregorianischen Gesänge im Hintergrund können das Stimmensummen kaum übertönen. Bildbetrachtungen im Flüsterton.

Wir spazieren zur nächsten Kirche: Sant'Agostino, nur um die Ecke. Die Kirche öffnet gerade ihre Pforten, und für einen kostbaren Moment sind wir mit Caravaggios *Pilgermadonna* (auch *Madonna di Loreto*) allein. Ein Skandalbild: Im Antlitz der Madonna erkannten Zeitgenossen die Caravaggio-Freundin und Prostituierte »Lena«, deren Kiez die nahe Piazza Navona war.

DABEI HAT DAS GEMÄLDE noch mehr skandalträchtige Sprengkraft: Streckt nicht der Pilger dem Betrachter im Angesicht des Heiligsten seine schmutzigen Füße entgegen?

Noch dreckigere Füße begegnen uns in der Kirche Santa Maria del Popolo. Auch hier Skandal: Ins Zentrum des Geschehens rücken die Mühen der Henkersknechte, während Petrus recht ungläubig auf den Nagel in seiner Hand starrt. Plötzlich geht das Licht aus, und die Cerasi-Kapelle versinkt im Dunkeln. Das spanische Paar neben uns blickt sehr enttäuscht drein, doch die Kunststudentin, die offensichtlich ebenfalls durch die Caravaggio-Kirchen pilgert, weiß wie wir, dass nur der Es-werde-Licht-Automat gefüttert werden will. Wir illuminieren die *Kreuzigung Petri* und gegenüber die *Bekehrung Pauli* – ein stimmiger Kontrast: Anfang und Ende von Kirchenvater-Karrieren. Der Skandal in diesem Fall: Das Pferd, in unseren Augen übrigens eines der schönsten Pferde der Kunstgeschichte, das so sachte den Huf hebt, um seinen Herrn nicht zu treten, steht scheinbar im Mittelpunkt, nicht der Erleuchtete. Doch die eigentliche Hauptdarstellerin ist auch hier: La Luce! Das Licht!

WENN MAN SCHON MAL HIER IST:

Eine herrliche Aussicht hat man von der Terrasse auf dem Pincio oberhalb der Piazza del Popolo. Die **Piazza del Popolo** ⟶ empfiehlt sich zum abendlichen Spaziergang, der Passeggiata: Man flaniert und posiert, Kleinkünstler lassen Feuer oder Seifenblasen tanzen, während Straßenmusiker für den sommernächtlichen Soundtrack sorgen.

ZU HAUSE BEI DEN DE CHIRICOS

WOHNUNG UND ATELIER DES MALERS AN DER SPANISCHEN TREPPE

CENTRO STORICO II-->

SPAGNA

+++ **STECKBRIEF** +++
WO? PIAZZA DI SPAGNA 31 +++ METRO A SPAGNA +++ WANN? DIENSTAG-SAMSTAG UND AM 1. SONNTAG IM MONAT UM 10, 11 UND 12 UHR FÜHRUNGEN, TEILWEISE AUCH AUF ENGLISCH +++ WIE LANGE? 45 MINUTEN +++ WIE VIEL? 7 EURO, ERMÄSSIGT 5 EURO +++ WICHTIG! NUR MIT VORHERIGER BUCHUNG UNTER FONDAZIONEDECHIRICO.ORG +++

MIT EINEM HERZLICHEN »BENVENUTO«

begrüßt uns die junge Frau, als sie uns die Wohnungstür der de Chiricos öffnet, und stellt sich gleich darauf als Federica vor. Unsere »Guida« für die Führung. Endlose vier Stockwerke waren wir im historischen Palazzetto Borgognoni an der Piazza di Spagna hinaufgestiegen, nachdem wir zuvor vergebens versucht hatten, den uralten Mini-Aufzug in Gang zu bringen. Zu de Chiricos Zeiten hat er noch bestens funktioniert, lacht Federica und erklärt, dass wahrscheinlich in irgendeinem Stockwerk die Tür nicht richtig geschlossen war, dann streikt nämlich der 0,8-Quadratmeter-Lift, in dem man sich schon zu zweit sehr nahe kommt. Außer uns sind ein russisches Ehepaar mit Tochter und ein texanisches Pärchen im Honeymoon zur Führung gekommen, auch sie alle zu Fuß und ein wenig atemlos.

GEMEINSAM mit seiner zweiten Frau Isa hat der Maler Giorgio de Chirico von 1948 bis zu seinem Tod 1978 hier, mitten im Herzen Roms, gelebt und gearbeitet, erklärt uns Federica. Sie öffnet die Schiebetüren – und wir stehen unvermittelt in einem gemütlichen Wohnzimmer. Sogleich fällt der bequeme Sessel auf, in dem der Meister fernsah, oder der wunderbar altmodische Barwagen mit seinem Lieblingsgetränk Punta e Mes ... als hätten die de Chiricos erst gestern Gäste zum Cocktail gehabt. Von den Fenstern mit französischen Balkonen schweift der Blick schwindelerregend tief auf das Gewusel der Piazza di Spagna.

Dann erst beginnen wir uns mit der Kunst zu beschäftigen. Alle Werke in den Räumlichkeiten, erfahren wir, stammen von Giorgio de Chirico selbst. 500 Gemälde und Skulpturen gehören zu der Sammlung der 1998 gegründeten Fondazione, erklärt Federica und tätschelt dabei der silberfarbenen Skulptur namens *Hector e Andromeda* liebevoll den Kopf. Geboren 1888 im griechischen Volos, wo er als Sohn eines italienischen Eisenbahningenieurs aufwuchs, wurde de Chirico Anfang des 20. Jahrhunderts zu einem der einflussreichsten italienischen Futuristen und Vorreiter des Surrealismus.

DE CHIRICO WAR EIN METAFISICO,

erfahren wir außerdem, während wir die Treppe hinauf zum Atelier des Künstlers im fünften Stock steigen. Ein Bauchmensch, Melancholiker, Nietzsche-Fan. Und total abergläubisch, was uns im Atelier mit den vielen Glücksbringern hinter der großen Leinwand demonstriert wird. Hier arbeitete de Chirico fast 30 Jahre lang, ausschließlich mit Oberlicht, seine Farben hat er selbst angerührt. Auch einen Blick in seine winzige Schlafkammer dürfen wir werfen: ein Bett, ein Bücherregal mit vielen Agatha-Christie-Krimis und ein riesiges Fenster, das war's. Wir wundern uns über so viel Bescheidenheit. Da macht uns Isas schickes Schlafzimmer mit Eins-A-Blick auf die Spanische Treppe schon eher ein wenig neidisch, bevor wir dieses wunderbar konservierte Künstlerbiotop wieder verlassen. Auch runterwärts funktioniert der Aufzug übrigens nicht, was natürlich nicht weiter schlimm ist. Ein letzter melancholischer Blick noch auf die Skulptur in der Eingangshalle, und wir sind zurück in der Realität der Piazza di Spagna.

WENN MAN SCHON MAL **HIER IST**:

Ins **Caffè Greco** □→ in der Via dei Condotti 86 ist Giorgio de Chirico jeden Morgen auf einen Caffè gegangen. Wir raten dazu, diesen und auch eventuell das Brioche bzw. Cornetto im Stehen, also »al banco« zu genießen, sonst wird es nämlich recht teuer. Wobei die historische Einrichtung und die Aura – Goethe war hier, na klar, aber auch Lord Byron, Schopenhauer, Liszt und Wagner – wirklich auch einen längeren Besuch wert sind.

VERBLASSTER MYTHOS

EIN PÄUSCHEN AUF DER SPANISCHEN TREPPE

CENTRO STORICO II --> 　　SPAGNA

+ + + **S T E C K B R I E F** + + +
WO? PIAZZA DI SPAGNA. SCALINATA DI TRINITÀ DEI MONTI +++ METRO A SPAGNA +++ WANN? JEDERZEIT +++ WIE LANGE? NACH BELIEBEN +++ WIE VIEL? KOSTENLOS - SOLANGE MAN SICH AN DIE REGELN HÄLT UND SOMIT AUCH KEIN TICKET KASSIERT +++

116 KOSTENLOS, FAMILIENFREUNDLICH

ICH GEHÖRE NICHT zu den Leuten, die glauben, dass früher alles besser war. Früher sagte man: »Alles o.k.« Heute ist »alles gut«, auch wenn nix gut ist, was aber noch lange nicht heißt, dass es früher besser war. Es bleibt nur alles anders. Vielstimmig kleckern Kaskaden von Lachen die Stufen herunter. Das zumindest war früher ebenso. Ich erinnere mich aber auch an Schwaden von sehr würzigem Rauch, die die Gruppen meist eher junger Menschen einhüllten. Und die Lambrusco-Flaschen kreisten. Treppauf, treppab ein vielsprachiger Chor, während Klampfen klampften und junge Sänger – mehr oder weniger talentiert, aber immer mit Begeisterung – sich an *Blowing in the Wind* oder *Volare* versuchen. Die Spanische Treppe war für alle unter 30 »the place to be«, wie man heute sagt. Hier traf man sich, verabredete sich und wartete aufeinander in fast vergessenen Zeiten, als WhatsApp noch »Pinnwand« hieß.

DAS ENSEMBLE IST aber auch bildhübsch: Von der Piazza di Spagna mit Fontana della Barcaccia – für uns in der schlichten Eleganz seiner Barke einer der schönsten Brunnen der Stadt – steigt die weitläufige Treppe hinauf, um von der Santissima Trinità dei Monti gekrönt zu werden. Das war nicht immer so: Bis ins frühe 18. Jahrhundert erstreckte sich unterhalb der Dreifaltigkeitskirche eine wilde Brache. Eine Schande!, befand der Papst, und gab die ausladenden Stufen in Auftrag. Schon mit Fertigstellung 1726 wurde die Spanische Treppe zu einem Wahrzeichen der Stadt und bald auch zu einem Treffpunkt für Rom-Touristen. Als ein unbekannter Maler aus Deutschland namens Filippo Möller (also Goethe) in Rom weilte, lebte er ganz in der Nähe. Weil alle hier lebten. Auch der romantische Dichter John Keats wählte ein Appartement mit Blick auf die Spanische Treppe. Mit der Popularität begannen die Massen zu pilgern, und den Massen auf den Fersen folgten Verschleiß und Schmutz. Die Treppe musste renoviert werden. Aber ach, die Stadt war wie immer klamm. Also sprang der örtliche Nobeljuwelier Bulgari werbewirksam ein, um die dreckigen Stufen edelzukärchern – seither platzieren sich die Hintern aus aller Welt auf neuem Glanz.

EBEN NOCH STANDEN WIR – zugegebenermaßen auch ein wenig staunend – vor einem Schild, mit dem uns die Stadtverwaltung darauf hinweist, was nicht erlaubt ist. Picknicken: verboten! Nickerchen machen: verboten! Wein trinken: ohnehin verboten – nicht auszudenken, wenn die frisch polierte Treppe Rotweinränder bekäme! Singen – Sie ahnen es: auch verboten! Puh. Und trotzdem gehört es halt irgendwie dazu: sich auf der Spanischen Treppe ein bisschen die Zeit zu vertreiben. Also sind wir die Treppe hinaufgestiegen und sitzen nun ganz oben auf den warmen Stufen, mit Blick auf die Kuppeln der Stadt. Ein polyglottes Stimmengewirr schnurrt um uns herum. Ein Stück unter uns eskaliert beinahe ein Selfie-Stick-Duell. Dennoch kommen wir schnell zur Ruhe und blinzeln träge in die Sonne. Am Ende bleiben wir doch eine ganze Weile sitzen, genießen den Nachmittag, während wir über vergangene Zeiten sinnieren: Sie kommen nicht wieder. Dafür kommen andere.

Nachtrag: Wenige Tage vor Drucklegung dieses Buches erreichte uns die Nachricht, dass aus dem römischen Rathaus folgender Erlass erging: Sitzen auf der Spanischen Treppe: verboten! Widerstand regt sich, doch drohen bei Sit-ins empfindliche Strafen, Ordnungshüter patrouillieren. Tja, Zeiten ändern sich ...

WENN MAN SCHON MAL **HIER IST**:

(Window-)Shopping ▢→: Entlang der **Via dei Condotti** präsentieren die handelsüblichen Luxuslabels ihre sündteuren Waren in der Auslage. Wer das Kreditkartenlimit schonen will, findet in der langen **Via del Corso** gleich um die Ecke die römische Shoppingmeile für Normalbetuchte schlechthin.

WENN MAN SCHON MAL IM CENTRO STORICO II IST

+++ SEHEN +++
+++ ESSEN +++
+++ AUSGEHEN +++
+++ SHOPPEN +++
+++ SCHLAFEN +++

4

+++++++++++++ SEHEN +++++++++++++

PANTHEON

Was ist ein *Muss* in einer Stadt, die vor antikem Erbe quasi überzuquellen scheint? Zweifelsohne das Pantheon! Kein Bauwerk der römischen Antike ist besser erhalten und bietet so viel Anschaulichkeit wie das Pantheon: 118–125 n. Chr. unter Kaiser Hadrian erbaut, im Jahr 609 zur Kirche geweiht – und Grabstätte zweier italienischer Könige wie auch des großen Raffael.

+++ PIAZZA DELLA ROTONDA +++ U. A. BUS 30/40/64/70 ARGENTINA +++ MO-SA 8.30-19.30 UHR, SO 9-18 UHR, FEIERTAGS 9-13 UHR +++ EINTRITT FREI +++

← ARA PACIS

Ara Pacis – der Friedensaltar des Augustus – ist ein weiteres antikes Schwergewicht im Centro storico und ein Höhepunkt der Bildhauerkunst der Antike. 45 lange Jahre lenkte Augustus die Weltmacht Rom; dieser Marmoraltar mit unzähligen kunstvollen Reliefs erinnert an die Pax Romana nach 100 Jahren Krieg und Bürgerkrieg, am 30. Januar des Jahres 9 v. Chr. wurde das Heiligtum geweiht. Ein moderner Glas-Travertin-Schrein des US-Architekten Richard Meier schützt den kostbaren Carrara-Marmor vor den Abgasen der Großstadt.

+++ LUNGOTEVERE IN AUGUSTA +++ METRO A FLAMINIO +++ TÄGL. 9.30–19.30 UHR GEÖFFNET +++ EINTRITT 10.50 EURO, ERMÄSSIGT 8.50 EURO. VIDEOGUIDE AUF DEUTSCH 6 EURO +++ ARAPACIS.IT +++

CASA DI GOETHE

Goethe war ja gefühlt überall, in Rom war er sogar ziemlich lange – mit Unterbrechungen über ein Jahr lang. Filipo Möller hat er sich genannt, und gewohnt hat er hier in der Via del Corso. Das einzige Goethe-Museum außerhalb Deutschlands!

+++ VIA DEL CORSO 18 +++ METRO A FLAMINIO +++ DI-SO 10-18 UHR GEÖFFNET +++ EINTRITT 6 EURO, ERMÄSSIGT 5 EURO +++ CASADIGOETHE.IT +++

KEATS-SHELLEY-HOUSE

In diesem apricotfarbenen Palazzo direkt neben der Spanischen Treppe lebte der englische Dichter John Keats, hier starb er auch am 23. Februar 1821 im Alter von nur 25 Jahren an Schwindsucht, heute bekannter unter dem Namen Tuberkulose. Sein Sterbezimmer mit Sterbebett ist zu besichtigen – sowie vier weitere liebevoll eingerichtete Räume mit allerlei Zeitdokumenten und Blick auf die berühmteste aller Treppen Roms.

+++ PIAZZA DI SPAGNA 26 +++ METRO A SPAGNA +++ MO-SA 10-13 UHR UND 14-18 UHR +++ EINTRITT 6 EURO, ERMÄSSIGT 5 EURO +++ KEATS-SHELLEY-HOUSE.ORG +++

PIAZZA NAVONA

Für viele der schönste Platz der Stadt – doch das muss jeder selbst entscheiden. Die Piazza Navona ist eine der bedeutendsten Anlagen des Barock, steht aber auf den Fundamenten eines antiken Stadions aus dem späten 1. Jahrhundert n. Chr., in dem vor rund 20.000 Zuschauern auch Gladiatorenkämpfe stattfanden (Ausgrabungen am Nordende des Platzes, tägl. 10-18.30 Uhr geöffnet, 8 Euro, ermäßigt 6 Euro, stadiodomiziano.com). Unbedingt auch die Brunnen der Piazza (siehe S. 100) besichtigen!

+++ PIAZZA NAVONA +++ BUS 70 RINASCIMENTO +++ JEDERZEIT FREI ZUGÄNGLICH +++

++++++++++++++  ++++++++++++++

DA ARMANDO AL PANTHEON

Seit vielen Jahren ein Klassiker, relativ klein, elegant und gemütlich: ein Familienbetrieb mit freundlichem Service und hervorragender römischer Küche! Menü um 40 Euro.
+++ SALITA DE CRESCENZI 31 +++ U. A. BUS 30/40/64/70 ARGENTINA +++ 06/68803034 +++ MO-FR 12.30-15 UHR UND 19-23 UHR. SA 12.30-15 UHR GEÖFFNET. UNBEDINGT RESERVIEREN! +++ ARMANDO ALPANTHEON.IT +++

ENOTECA CORSI

Genau das Richtige für ein schmackhaftes römisches Mittagessen. Das Ambiente ist rustikal, die Preise sind günstig (Gerichte um 12 Euro), die Gäste lautstark zufrieden und ausgelassen, was sicher auch am süffigen Hauswein liegt ...
+++ VIA DEL GESÙ 87/88 +++ U. A. BUS 30/40/64/70 ARGENTINA +++ ENOTECACORSI.COM +++ 06/6790821 +++ MO-SA 12-15.30 UHR. MI-FR AUCH 19-22.30 UHR GEÖFFNET +++

TAZZA D'ORO

Hier kommt er her, der einmalige italienische Caffè, Cappuccino, Macchiato ... Was auch immer das koffeinsüchtige Herz begehrt, im Tazza d'Oro wird es erfüllt. Für uns der ideale Ort, um den Tag zu beginnen. Ein Klassiker!
+++ VIA DEGLI ORFANI 84 (PANTHEON) +++ U. A. BUS 30/40/64/70 ARGENTINA +++ TAZZADOROCOFFEESHOP.COM +++ MO-SA 7-20 UHR. SO 10.30-19.30 UHR +++

GELATERIA GIOLITTI □→

Roms bekannteste Eisdiele. Hier haben schon Staatspräsidenten ihr Eis geschleckt. Vor allem abends ist der Andrang riesig. Wichtig: erst an der Kasse zahlen!
+++ VIA DEGLI UFFICI DEL VICARIO 40 +++ METRO A SPAGNA +++ GIOLITTI.IT +++ TÄGL. 7-1.30 UHR +++

AUSGEHEN

SALOTTO 42

In der schicken kleinen Cocktailbar an der Piazza di Pietra trifft man sich zum Aperitivo oder auf einen Absacker nach dem Essen.

+++ PIAZZA DI PIETRA 42 +++ BUS 85 CORSO MINGHETTI +++ 06/6785804 +++ TÄGL. 10.30-2 UHR GEÖFFNET +++ SALOTTO42.IT +++

GREGORY'S JAZZ CLUB

Gute, teilweise sehr gute Jazzkonzerte. Man kann hier auch essen, und die Drinks passen ebenfalls. Zentral nahe der Spanischen Treppe.

+++ VIA GREGORIANA 54/A +++ METRO A SPAGNA +++ 06/6796386 +++ EINTRITT MEIST 15-20 EURO INKL. EIN GETRÄNK +++ GREGORYSJAZZ.COM +++

SHOPPEN

IL MARE

Wunderbarer Buchladen rund um das Meer – Bildbände, Seekarten, tolle Poster, Fachliteratur für den Segler ...

+++ VIA DEL VANTAGGIO 19 +++ METRO A FLAMINIO +++ MO 15.30-19.30 UHR, DI-SA 10-19.30 UHR +++ ILMARE.COM +++

LA RINASCENTE

Italiens traditionsreiche Nobelkaufhaus-Kette hat sich in Rom kürzlich noch ein wenig hübscher gemacht: fünf Stockwerke Kleidung, Schuhe, Accessoires von Armani bis Zegna. Mit Dachterrassenbar und Ristorante.

+++ VIA DEL TRITONE 61 +++ METRO A BARBERINI +++ TÄGL. 9.30–23 UHR +++ RINASCENTE.IT +++

SCHLAFEN

LOCARNO

Um die Ecke der Piazza del Popolo: altehrwürdiger, schon etwas angeschlagener Palazzo im »Stile Liberty« – allein die wunderbare Bar ist ein Ausflug in eine andere Zeit. 68 Zimmer in originaler Ausstattung, toller Blick von der Dachterrasse, kostenloser Fahrradverleih. DZ 250–400 Euro, je früher man bucht, desto günstiger.

+++ VIA DELLA PENNA 22 +++ METRO A FLAMINIO +++ 06/3610841 +++ HOTELLOCARNO.COM +++

TEATRO PACE

Hübscher kleiner Albergo in Bestlage bei der Piazza Navona in einem Palazzetto des 17. Jahrhunderts, ohne Aufzug zwar, aber mit historischer Rundtreppe und ebensolchem Ambiente. Die Zimmer haben z. T. sogar Balkon. DZ um 160 Euro.

+++ VIA DEL TEATRO PACE 33 +++ BUS 64 C.SO VITTORIO EMANUELE/NAVONA +++ 06/6879075 +++ HOTELTEATROPACE.COM +++

5
VATIKAN UND ENGELSBURG

+++ ERLEBEN +++

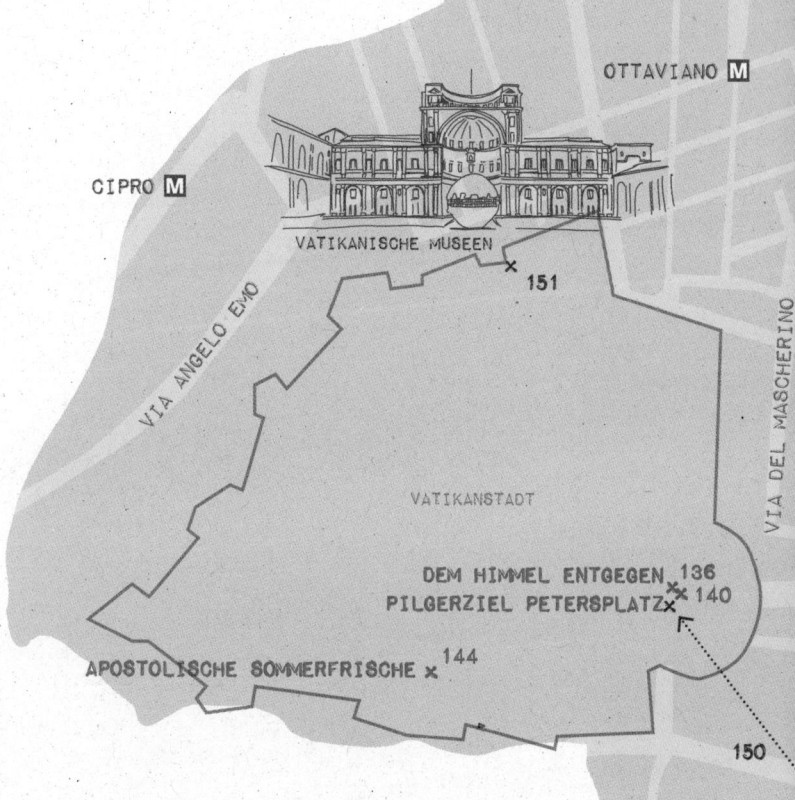

STATO DELLA CITTÀ DEL VATICANO

heißt der kleinste Staat der Welt mit vollem Namen. Hier schlägt das Herz der katholischen Kirche, und es leben nicht mal 500 Vatikanstaatsbürger auf 44 Hektar Staatsfläche.

Zwischen Vatikan und Engelsburg erstrecken sich die Überreste des historischen »Borgo«, das mit dem Bau von Mussolinis Prachtstraße Via della Conciliazione weitgehend plattgemacht wurde. Nördlich davon liegt das bürgerliche Viertel Prati mit vielen Läden, Restaurants und Hotels – und sehr beliebt bei Touristen.

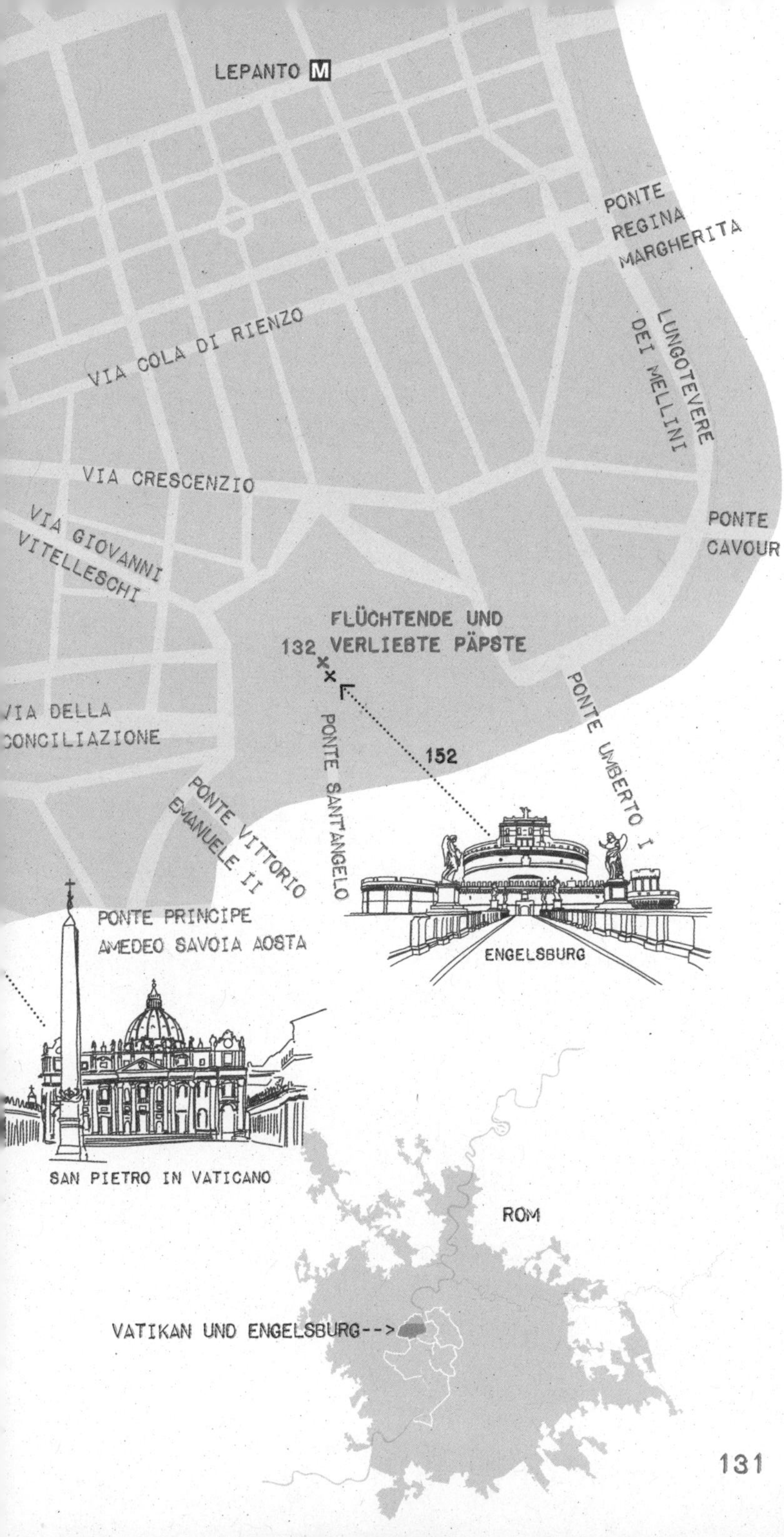

LEPANTO Ⓜ

PONTE REGINA MARGHERITA

VIA COLA DI RIENZO

LUNGOTEVERE DEI MELLINI

VIA CRESCENZIO

VIA GIOVANNI VITELLESCHI

PONTE CAVOUR

FLÜCHTENDE UND
132 VERLIEBTE PÄPSTE

VIA DELLA CONCILIAZIONE

PONTE UMBERTO I

152

PONTE SANT'ANGELO

PONTE VITTORIO EMANUELE II

ENGELSBURG

PONTE PRINCIPE AMEDEO SAVOIA AOSTA

SAN PIETRO IN VATICANO

ROM

VATIKAN UND ENGELSBURG -->

VATIKAN UND ENGELSBURG

131

FLÜCHTENDE UND VERLIEBTE PÄPSTE

UNTERWEGS AUF DEM PASSETTO

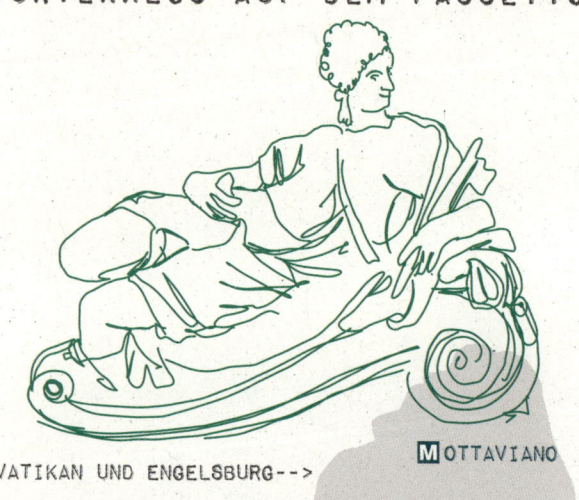

VATIKAN UND ENGELSBURG--> 　　　Ⓜ OTTAVIANO

+ + + S T E C K B R I E F + + +
WO? CASTEL SANT'ANGELO. LUNGOTEVERE CASTELLO 50 +++ METRO A OTTAVIANO +++ WANN? DIENSTAG BIS SONNTAG 9-19.30 UHR. DIE ENGLISCHSPRACHIGE FÜHRUNG »IL CASTELLO SEGRETO« FAND ZULETZT UM 10 UHR UND UM 16.30 UHR STATT (ZWEI WEITERE AUF ITALIENISCH UM 11.30 UHR UND 18 UHR). IM WINTERHALBJAHR NACHMITTAGS FRÜHER +++ WIE LANGE? CA. 90 MINUTEN +++ WIE VIEL? 10 EURO EINTRITT (ERMÄSSIGT 5 EURO) PLUS 5 EURO FÜHRUNG +++ WICHTIG! TICKETS BESSER VORHER BESORGEN. DIE SCHLANGE VOR DER BIGLIETTERIA KANN LANG WERDEN. UND DIE TEILNEHMERZAHL IST AUF 15 PERSONEN BESCHRÄNKT! +++

»ARCHÄOLOGIE-LASAGNE«, den Begriff haben wir in Rom schon öfter gehört. Doch meistens wird er auf den Untergrund bezogen: Schicht um Schicht römische Geschichte, eingebacken über die Jahrhunderte. Hier muss man sich aber nicht unter die Erde graben, um sich die Bauphasen dieses unwahrscheinlichen Zylinderkolosses anzusehen – die Lasagne steht anschnittfertig am Tiberufer: von der Intension des antiken Bauplans (Mausoleum) über die Umrüstung zum Teil der Stadtbefestigung bis zum aufstockenden Ausbau als päpstliche Fluchtburg. Wir blicken die Fassade des Castel Sant'Angelo hinauf, doch unsere engagierte Guida winkt uns weiter: jetzt zum spannenden Teil! Sie öffnet eine schwer vergitterte Tür, und wir betreten den Passetto del Borgo, den geheimen Fluchtweg, der verborgen in der mächtigen Mauer zwischen Vatikan und Engelsburg verläuft. Wie nützlich!

MAI 1527. Sacco di Roma: Deutsche Landsknechte stürmen auf den Petersplatz, metzeln die Schweizergarde nieder. Der Papst aber, Clemens VII., kann durch den Passetto fliehen und verschanzt sich in der Engelsburg. Doch der schönste päpstliche Anlass, um den Passetto entlangzueilen, war eindeutig: La Bella! Die schöne Giulia Farnese, Gespielin von Alexander VI. Der berühmt-berüchtigte Borgia-Papst beliebte sich des Nachts vom Apostolischen Palast zum Tête-à-Tête mit der Geliebten zu stehlen, die in luxuriös ausgestatteten Gemächern in der Engelsburg auf ihn wartete. Für uns dagegen gestaltet sich der Passetto zunächst recht unspektakulär: Rechts und links versperren mannshohe Mauern die Sicht. Dann gehen wir tatsächlich in der Mauer entlang, der Gang ist weiß getüncht, schmal und hell, dank vieler kleiner Fenster. Schließlich steigen wir auf die Mauer hinauf und spazieren einen beidseits von Zinnen flankierten Weg entlang – mit faszinierenden Ausblicken aus zehn Metern Höhe in die Hinterhöfe des Borgo und auf die Kuppel. Nach etwa 800 Metern ist Schluss. Der Zugang zum Apostolischen Palast bleibt uns natürlich verwehrt.

WIR SIND ZURÜCK im Castel Sant'Angelo, doch die Führung ist noch längst nicht vorbei. Weitere Türen warten darauf, für uns aufgeschlossen zu werden: Eine davon befindet sich an dem schmucken, halbrunden Platz namens Cortile del Teatro, der tatsächlich als Bühne genutzt wurde. Das, meint unsere Guida, war ziemlich gehässig, denn das Lachen des Publikums drang sicherlich auch durch die Türe, die sich nun öffnet: Wir steigen hinab in die päpstlichen Kerker und die Folterkammern der Inquisition. Düster ist es hier, wie in einem Grab, aber natürlich befinden wir uns nicht unter der Erde, sondern im Inneren dieses sonderbaren Bauwerks. Galileo Galilei und Caravaggio saßen hier ein, Giordano Bruno wartete auf seine Hinrichtung. Wohnlicher ist da schon das elegante kleine Badezimmer, in das wir zum Abschluss der Führung einen Blick werfen. Eingerichtet wurde es für Clemens VII. Richtig, den Sacco-di-Roma-Papst, der sich nach all dem Schrecken hier vielleicht ein wenig frisch machen wollte ...

WENN MAN SCHON MAL HIER IST:
Museumscafés sind oftmals nicht gerade glücklich platziert, irgendwo im Tiefparterre zwischen Bookshop und den Treppen zu den Toiletten. Im Castel Sant'Angelo dagegen ist ein Besuch der **burgeigenen Bar** □→ unbedingt anzuraten. Man sitzt in einem Teil des umlaufenden Ganges unter Weinranken in einer Laube und genießt seinen Kaffee und die Aussicht (Di–So 9–19 Uhr).

DEM HIMMEL ENTGEGEN

EIN AUFSTIEG AUF DIE KUPPEL DER PETERSKIRCHE

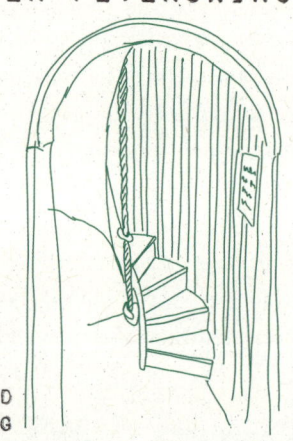

M OTTAVIANO

<--VATIKAN UND ENGELSBURG

+++ **S T E C K B R I E F** +++
WO? PIAZZA SAN PIETRO. NACH DEN SICHERHEITS-KONTROLLEN IN DER VORHALLE RECHTS HALTEN UND AM DEVOTIONALIENREICHEN SOUVENIRSHOP VORBEI +++ METRO A OTTAVIANO +++ WANN? APRIL BIS SEPTEMBER TÄGLICH 7.30–18 UHR. OKT. BIS MÄRZ BIS 17 UHR. DER ZUGANG ÜBER DIE TREPPE SCHLIESST JE 1 STUNDE FRÜHER +++ WIE LANGE? MINDESTENS 1 STUNDE +++ WIE VIEL? 10 EURO MIT AUFZUG, 8 EURO OHNE +++ WICHTIG! ENGE TREPPEN, TIEFE BLICKE: DIE TOUR IST NICHT BARRIEREFREI UND NICHT GEEIGNET FÜR MEN-SCHEN, DIE UNTER KLAUSTROPHOBIE ODER HÖHEN-ANGST LEIDEN! +++

GÜNSTIG, FAMILIENFREUNDLICH

OB ETWA 200 STUFEN WENIGER

einen Obolus von zwei Euro wert sind, muss jeder für sich entscheiden. Wir jedenfalls zahlen den vollen Ticketpreis für die Kuppel, statt der 8 Euro »senza ascensore«. Wir haben uns zur Mittagszeit aufgemacht, San Pietro zu besuchen – zugegeben ein recht leichtsinniges Unterfangen: lange Schlangen vor der Sicherheitskontrolle, dann vor der Kasse. Außerdem sind wir in Rom und ohnehin mal wieder reichlich gelaufen. Also lieber mit dem Lift! Oben angekommen erreichen wir nach kurzem Weg bereits das erste Highlight der Tour: Was auf den ersten Blick wie ein Hühnerkäfig wirkt, entpuppt sich als Falkennest. Auf einem schmalen, hoch vergitterten Sims treten wir hinaus in den gewaltigen, hellen Kuppelraum. Tief unter uns liegt der Papstaltar von Gian Lorenzo Bernini, über uns wölbt sich die grandiose, mit Mosaiken verzierte »Cupola«.

DER EIGENTLICHE AUFSTIEG aber beginnt erst, und natürlich kommt es auf dem Weg hier und da auch mal zu einem Stau. All die Menschen, die vor, mit und nach uns an der Kasse standen, müssen ja irgendwohin, und es gibt nur einen Weg nach oben und nur einen Weg hinab. Zunächst geht es mühsam eine sehr enge Wendeltreppe hinauf, die an einem recht gehässigen Schild endet: 164 Stufen geschafft, 164 kommen noch. Wie ein Staffelstab wird das Seufzen nach hinten weitergereicht. Der folgende Weg entwickelt sich zu einer eigentümlichen Raumerfahrung. Michelangelo nämlich entwarf die gewaltige Kuppel – fast so weit wie das Pantheon, aber viel höher und zweifellos formvollendet – doppelschalig. Zwischen diesen beiden Schalen verläuft nun der Weg. Entsprechend folgt er auch der Kuppelkrümmung. Und das heißt: Mit jedem Schritt wird der (Treppen-)Gang schiefer und schiefer. Und bald ertappen wir uns dabei, es den jungen, kichernden Japanerinnen vor uns gleichzutun und uns an den gelben Kacheln festzuhalten. Als wäre der Boden schräg, und nicht die Wände krumm.

Schließlich quetscht sich eine Eisentreppe zwischen die gekrümmten Schalen, bevor eine letzte, noch engere Wendeltreppe zu überwinden ist.

FÜR DIE STRAPAZEN DES AUFSTIEGS unter zunehmender Schräglage werden wir jetzt belohnt: Wir stehen in der Laterne auf der Kuppel der Peterskirche in über 130 Metern Höhe, und das Panorama ist sensationell! Unter uns öffnen sich – formvollendet wie Michelangelos Kuppel – die umarmenden Kolonnaden Berninis. Geradeaus steht wuchtig die Engelsburg am Tiber, halb rechts leuchtet strahlend weiß und weithin sichtbar die »Hochzeitstorte«, der Altare della Patria. Natürlich überblicken wir von hier oben auch das gesamte Territorium des Kirchenstaats: die Vatikanischen Gärten, das blühende Papstwappen vor dem Palazzo del Governatorato, den Sendeturm von Radio Vatikan, die Vatikanischen Museen und den Apostolischen Palast.

Der Weg hinunter führt über andere Wendeltreppen und krumme Gänge, der Ausflug ins Innere der Kuppel bleibt aus. Stattdessen gelangen wir zur Terrasse auf dem Kirchendach – zum Greifen nah die Statuen der Fassade. Hier gönnen wir uns noch einen Caffè in der nüchternen kleinen Cafeteria (mit angeschlossenem Fachgeschäft für Devotionalien), bevor wir mit dem Aufzug hinabfahren, direkt in die Peterskirche.

WENN MAN SCHON MAL HIER IST ...

... schaut man sich natürlich die **Peterskirche** (siehe S. 150) mit ihren zahlreichen Kunstschätzen an: darunter Michelangelos **Pietà**, Berninis kunstvoller **Baldachin über dem Papstaltar** oder die berühmte **Petrusstatue** ▢→ mit dem von zahllosen Pilgerhänden flachgestrichelten Fuß. Außerdem kann man, gerade vom höchsten, himmelnahen Punkt kommend, auch in die Tiefen der Kirche, in die **Nekropolen** hinabsteigen.

PILGERZIEL PETERSPLATZ

ZUR GENERALAUDIENZ DES PAPSTES

VATIKAN UND ENGELSBURG --> MOTTAVIANO

+++ **STECKBRIEF** +++
WO? PIAZZA SAN PIETRO ODER – IM KALTEN WINTER BZW. IM HEISSEN SOMMER – IN DER AUDIENZHALLE +++ METRO A OTTAVIANO +++ **WANN?** JEDEN MITTWOCH UM 9 UHR. EINLASS AB 7.30 UHR +++ **WIE LANGE?** CA. 90 MINUTEN +++ **WIE VIEL?** KOSTENLOS. TICKETS NACH VORANMELDUNG (PILGERZENTRUM.NET) IM DEUTSCHEN PILGERBÜRO. VIA DEL BANCO DI S. SPIRITO 56 +++

AM ENDE GEHT ES DANN DOCH schneller als gedacht. Nach dem Nadelöhr am Einlass haben wir auch die Sicherheitsschleusen hinter uns gebracht. Ziehen die Jacken wieder an, stecken Kamera, Portemonnaie und Telefon wieder ein und machen uns auf den Weg, um uns einen Platz zu suchen. Es ist etwa halb neun. Mit einer bunten Menschenmenge aus aller Welt treten wir unter den gewaltigen Kolonnaden Berninis hervor auf den Petersplatz. In einer halben Stunde beginnt die allwöchentliche Generalaudienz des Papstes – und es fängt an zu regnen. Damit hätten wir rechnen können. Die freundliche junge Frau im Deutschen Pilgerzentrum hatte uns vorgewarnt. Als wir am Vortag die Karten abgeholt haben, merkte sie an, dass es möglicherweise Regen geben könnte am nächsten Morgen. So schlimm wird's schon nicht werden, dachten wir. Hätten wir mal auf sie gehört.

ES WIRD UNGEMÜTLICH, kalt und klamm. In den Sitzschalen der Stühle sammelt sich das Wasser wie die Pilgerschar auf dem Petersplatz. Und die Audienz hat noch nicht einmal angefangen. Für derart mieses Wetter ist es bemerkenswert voll. Unter einem Meer von Schirmen und Plastik-Ponchos mit der Aufschrift »I love Roma« wabert in babylonischer Sprachverwirrung eine heitere Vorfreude. Dann kommt Bewegung in die Veranstaltung. Das Papamobil ist unterwegs. Es wird laut, hektisch. Hälse werden gereckt, Regenschirme zur Seite geschoben. Jeder will einen Blick auf den Nachfolger Petri erhaschen. Jubel brandet auf und folgt dem Papamobil wie ein Schwarm Möwen einem Fischerboot. Es herrscht fast ausgelassene Volksfeststimmung. Papa Francesco Superstar.

Schließlich tritt der Papst ans Mikrofon und sagt: »Buon giorno.« »Buon giorno«, antwortet unisono die Menge. Wie früher in der Schule. Wir hatten ja ohnehin keine latein-steife Förmlichkeit erwartet, aber die freundliche, schlichte Zugewandtheit des Papstes ist einfach sympathisch. Auch, dass er das »tempo brutto«, das schlechte Wetter, bedauert. Was folgt, ist eine Ansprache, die von Bescheidenheit und Demut erzählt. Francesco mag vielleicht gefeiert werden wie ein Superstar. Auf sich selbst scheint er eine ganz andere Sicht zu haben.

DER PAPST SPRICHT ITALIENISCH.

Auch wenn die meisten der Anwesenden der Sprache des hl. Franziskus nicht mächtig sein dürften, senkt sich doch eine andächtige Stille über den Petersplatz. Danach bekommt die Veranstaltung zugegebenermaßen ein paar Längen. Denn die Worte des Papstes werden, flankiert von zahlreichen Grußworten, übersetzt. Ins Französische und Englische, ins Deutsche, Spanische und Portugiesische, nicht zu vergessen das Arabische, Kroatische und Russische.

Schließlich und endlich geschieht nach ein paar abschließenden Worten auf Italienisch noch etwas Rührendes: Das Vaterunser, das jeder – sicher: jeder hier – in seiner Landessprache in- und auswendig kennt, singt der ganze Platz in einer Sprache, die wahrscheinlich die wenigsten beherrschen (uns eingeschlossen, jahrelangen schulischen Qualen zum Trotz): in Latein. Dann ist die Audienz beendet. Nun ja, nicht für den Papst, der noch lange Reihen von VIP-Händen zu schütteln hat. Aber wir machen uns auf, ein Café zu suchen. Zum Aufwärmen.

WENN MAN SCHON MAL **HIER IST**:

Mit den gewaltigen **Kolonnaden auf dem Petersplatz** □→ will die Kirche die Pilger der Welt umarmen. Mit welcher Perfektion Gian Lorenzo Bernini den Platz gestaltet hat, sieht man, wenn man sich auf einen der beiden auffälligen Steine stellt, die in den Boden eingelassen sind: Blickt man nun auf das Halbrund, werden die vier hintereinander verlaufenden Säulenreihen perspektivisch zu einer.

APOSTOLISCHE SOMMERFRISCHE

MIT DEM PAPSTZUG NACH CASTEL GANDOLFO

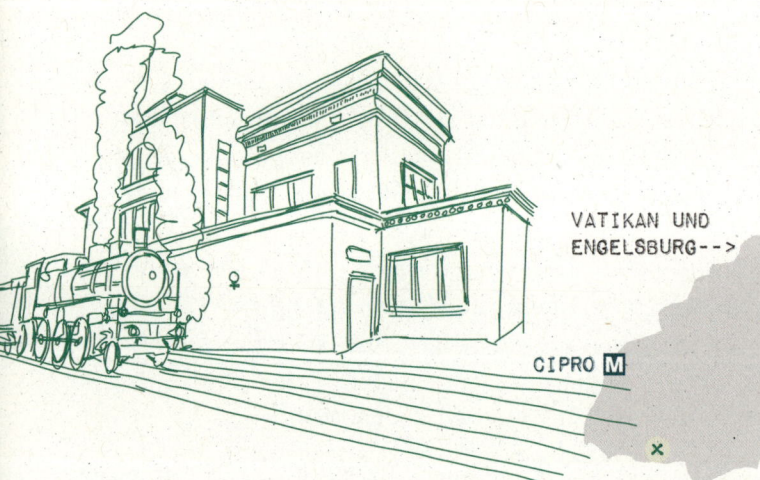

VATIKAN UND ENGELSBURG -->

CIPRO M

+ + + S T E C K B R I E F + + + WO? VIALE VATICANO. EINGANG VATIKANISCHE MUSEEN. MIT DEM »VATICAN-BY-TRAIN-FULL-DAY-PLUS-TICKET« (VATIKANISCHE MUSEEN UND GÄRTEN. ZUGFAHRT, TRANSFERS, APOSTOLISCHER PALAST UND RUNDFAHRT IN DEN GÄRTEN IN CASTEL GANDOLFO) BEGINNT DIE TOUR HIER +++ WANN? IMMER AM SAMSTAG UM 8 UHR (ABFAHRT AM VATIKANBAHNHOF STAZIONE SAN PIETRO UM 11 UHR) +++ WIE LANGE? DEN GANZEN TAG +++ WIE VIEL? 53 EURO. ERMÄSSIGT 42 EURO +++ WICHTIG! ANMELDUNG UND TICKETS NUR ONLINE! +++ MUSEIVATICANI.VA +++

WIR WISSEN AUCH NICHT so genau, was wir erwartet hatten. Ein Nostalgie-Bähnchen? Mit Plüsch und Holz und rotem Samt? Vielleicht nicht ganz so elegant wie der Orientexpress, aber etwas mehr »Papstzug« eben. Einen nagelneuen Nahverkehrszug mit gelbem Schriftzug »Jazz« jedenfalls hatten wir nicht erwartet. Doch in genau einem solchen sitzen wir und warten auf die Abfahrt. Mit dem Vaticano-In-Treno-Full-Day-Plus-Ticket sind wir schon seit 8 Uhr morgens im Vatikan unterwegs: An wartenden Schlangen vorbei (dafür, dass das Museum erst um 9 Uhr aufmacht, ist schon mächtig Betrieb), den Audioguide umhängen und durch die Vatikanischen Museen – anfangs fast allein, doch in der Sixtinischen Kapelle holen uns die Massen ein. Um 10 Uhr den Audioguide wechseln und eskortiert von einem strengen, aber freundlichen Security-Mann zügig durch die Vatikanischen Gärten.

NOCH INNERHALB der hohen Mauern des Vatikans liegt die Stazione San Pietro, ein winziger, hübscher Bahnhof, 1929 nach den Lateranverträgen als Tor zur Welt gebaut. Papst Johannes XXIII. reiste von hier nach Loreto und Assisi, natürlich in einem deutlich älteren Modell, Johannes Paul II. ein paar Jahrzehnte später zum Weltjugendtag. Es gibt ihn zwar noch, den alten »treno del Papa«, doch er fährt nur alle Jubeljahre mal. Unser moderner Zug ist jedenfalls zu lang für den historischen Bahnhof und ragt aus dem schweren Eisenbahntor in der Vatikanmauer hinaus.

Im Schritttempo verlassen wir den kleinsten Staat der Welt, um sogleich am außer-vatikanischen Bahnhof Roma S. Pietro wieder anzuhalten, als »Reg 7333«, wie auf der Anzeigetafel zu lesen ist – unromantisch, aber klar, ein Zug braucht im italienischen Bahnverkehr eine Nummer. Ein endloser Tunnel führt uns unter dem Gianicolo hindurch, durch Roms Südwesten fahren wir über den Tiber und am alten Schlachthof vorbei, durch nicht ganz so sexy Stadtteile wie Tuscolano, aber auch an hübschen kleinen Stadtrandsiedlungen entlang, passieren die mächtigen antiken Acquedotti, den Golfplatz, die Rennbahn und den Flughafen, bis es nach knapp 45 Minuten den Berg hinaufgeht.

CASTEL GANDOLFO ist eines der Castelli Romani, der Dörfer in den Hügeln südöstlich von Rom. Schon auf der Fahrt haben wir in einer lang gezogenen Kurve die riesige Stadt unter uns liegen sehen, auf der anderen Seite des Ortes reicht der Blick bis zum Meer – welch erhabene Aussichten! Kein Wunder, dass die Päpste hier die heißen Sommer verbracht haben. Unsere Full-Day-Audiotour geht nun in die dritte Runde: Apostolischer Palast und – nach etwas »tempo libero« über Mittag – die Päpstlichen Gärten. Im Palazzo bestaunen wir den dicken Dienst-BMW von JP II und grinsen über die pointenreichen Anekdoten zu einer ganzen Galerie von Päpsten, die unser deutscher Audioguide zum Besten gibt. Auch auf der Busfahrt durch die Gärten (angekündigt war elektro, es kam ein alter Diesel) gibt es jede Menge päpstliche Pracht samt Heli-Landeplatz, eigenem Bauernhof und herrlichem Blick zu bestaunen, bevor wir zum Bahnhof zurück Richtung Rom transferiert werden.

Unser Zug endet in Roma S. Pietro, in den Vatikan dürfen wir nicht mehr. Reicht auch für heute. Bei der Masse an Informationen. Dieser Tag war wirklich »Vatican full day plus«!

WENN MAN SCHON MAL HIER IST:

In der stimmungsvollen Hauptgasse von **Castel Gandolfo** ⟶ empfiehlt sich die zünftige **Hosteria La Fraschetta** für eine Stärkung. Schinken- und Käseberge stapeln sich in der Vitrine und kommen auf langen Brettern, der süffige Wein wird gezapft. Spezialität ist die Porchetta (Spanferkel) für unschlagbare 5 Euro (Corso della Repubblica 58, Mo Ruhetag).

WENN MAN SCHON MAL IM VATIKAN UND BEI DER ENGELSBURG IST

+++ SEHEN +++
+++ ESSEN +++
+++ AUSGEHEN +++
+++ SHOPPEN +++
+++ SCHLAFEN +++

+ + + + + + + + + + + + + + + + + **SEHEN** + + + + + + + + + + + + +

SAN PIETRO IN VATICANO ⟶

... lautet der offizielle Name der Peterskirche, oft auch Petersdom genannt, der aber eigentlich eine Basilika (eine der vier Papstbasiliken Roms) ist. Doch das ist nur eine Randnotiz angesichts der atemberaubenden Pracht, die den Besucher erwartet: ein monumentaler Barockbau, 120 Jahre Bauzeit (1506–1626), Baumeister waren u. a. Bramante, Raffael, Michelangelo, Bernini. Mit einer Länge von 211 Metern, 114 Metern Fassadenbreite und 132 Metern Höhe war St. Peter über 350 Jahre die größte Kirche der Welt (seit 1990 ist es Notre Dame de la Paix an der Elfenbeinküste). Erbaut wurde sie über der alten Peterskirche aus dem 4. Jahrhundert. Der Legende nach befindet sich in der Krypta das Petrusgrab. Nicht versäumen sollte man **Michelangelos Pietà** (erste Kapelle rechts), die bronzene **Petrusstatue** (Mittelschiff rechts), den **Papstaltar** mit Bronzebaldachin und in der Apsis die **Cathedra Petri**, den Stuhl des Bischofs von Rom, der der Papst ja auch ist. Der Andrang ist enorm, kommen Sie am besten erst am (späteren) Nachmittag!

+++ PIAZZA SAN PIETRO +++ METRO A OTTAVIANO +++ TÄGL. 7-18.30 UHR. IM SOMMER BIS 19 UHR. AM MITTWOCH ERST AB MITTAG (PAPSTAUDIENZ) +++ EINTRITT FREI +++

VATIKANISCHE MUSEEN

Generationen über Generationen sammelwütiger Päpste haben einen Kunstschatz zusammengetragen, der auf der Welt seinesgleichen sucht – aus der Antike z. B. die weltberühmte **Laokoon-Gruppe**, den historischen Kartensaal, Raffaels *Stanzen* – und als besonderes Highlight die **Sixtinische Kapelle**, um nur einige zu nennen. Nehmen Sie sich mindestens drei, besser vier Stunden Zeit und buchen Sie online, sonst ist die Warteschlange endlos!

+++ VIALE VATICANO +++ METRO A CIPRO +++ MO-SA 9–16 UHR GEÖFFNET (AUSLASS BIS 18 UHR). AM LETZTEN SO IM MONAT 9–12.30 UHR (14 UHR) +++ EINTRITT 17 EURO. ERMÄSSIGT 8 EURO. ONLINE-BUCHUNGSGEBÜHR 4 EURO +++ MUSEIVATICANI.VA +++

ENGELSBURG

Zylinderförmig, 65 Meter im Durchmesser, 21 Meter hoch, fast 2.000 Jahre Baugeschichte, belagerungsgeprüft. Der mächtige Backsteintopf am Tiber entstand ab 130 n. Chr. als Mausoleum für Kaiser Hadrian, obenauf ein Zypressenhain samt Sonnengott. Als im 6. Jahrhundert Papst Gregor dem Großen ein Engel darüber erschien, hatte der Grabzylinder einen neuen Namen: Engelsburg. Und die wurde Stück für Stück zur päpstlichen Fluchtburg ausgebaut, nicht nur, was den Anspruch an Uneinnehmbarkeit angeht, sondern auch im Hinblick auf den Komfort der päpstlichen Gemächer – so eine Belagerung kann schließlich dauern ...

+++ CASTEL SANT'ANGELO. LUNGOTEVERE CASTELLO 50 +++ METRO A LEPANTO ODER OTTAVIANO +++ DI-SO 9-19.30 UHR +++ 10 EURO. ERMÄSSIGT 5 EURO +++

IL SIMPOSIO
Ein paar Schritte muss man sich schon von der überfüllten Vatikan-Area wegbewegen, doch dann lockt dieses feine Lokal samt angeschlossener Wine Bar mit raffinierter Küche und ausgewählten Tropfen. Modernes, stylishes Ambiente, gehobene Preise.
+++ PIAZZA CAVOUR 16 +++ 06/3241489 +++ METRO A LEPANTO +++ ILSIMPOSIOROMA.IT +++ MO-SA 10-24 UHR +++

←☐ CACIO E PEPE
Etwas abseits in Prati gelegen, günstig, schlicht, fast spartanisch, doch innen wie außen meist bis auf den letzten Platz besetzt. Spezialität des Hauses ist natürlich: Cacio e Pepe – Pasta mit Käse und Pfeffer!
+++ VIA GIUSEPPE AVEZZANA 11 +++ 06/3217268 +++ METRO A LEPANTO +++ TRATTORIACACIOEPEPEPRATI.COM +++ MITTAGS UND ABENDS GEÖFFNET. SA NUR MITTAGS. SO RUHETAG +++

SCIASCIA CAFFÈ
Seit 100 Jahren gibt es dieses kleine, wunderbar altmodische Cafè in Prati. Ungemein gemütlich und wie eine Reise in die Vergangenheit. Hervorragender Caffè!
+++ VIA FABIO MASSIMO 80/A +++ METRO A LEPANTO ODER OTTAVIANO +++ SCIASCIACAFFE1919.IT +++ TÄGL. 7-21 UHR GEÖFFNET +++

GELATERIA DEI GRACCHI
Eine der besten Eisdielen des Viertels, vielleicht sogar ganz Roms. Die Auswahl ist groß, die Qualität bestens. Kein Wunder, dass man hier Schlange steht!
+++ VIA DEI GRACCHI 272 +++ METRO A LEPANTO +++ TÄGL. 12-0.30 UHR GEÖFFNET +++

AUSGEHEN

ALEXANDERPLATZ

Im Schatten der katholischen Kirche: Seit 1984 gibt es diesen traditionsreichen Jazzclub im bürgerlichen Wohnviertel Prati. In dem Kellergewölbe sind schon diverse Jazz-Größen aufgetreten, jüngst wurde renoviert. Wie in vielen anderen Jazzclubs kann man hier auch essen, bevor der Gig beginnt, sollte dafür aber unbedingt einen Tisch reservieren. Die oft sehr guten Konzerte fangen nicht vor 22 Uhr an. Eintritt mit »Tessera« (Mitgliedskarte, 10 Euro), die man auch am Eingang kaufen kann. Musikbeitrag ebenfalls um 10 Euro.

+++ VIA OSTIA 9 +++ METRO A OTTAVIANO +++ 06/83775604 +++ BEI KONZERTEN (FAST TÄGL.) 20.30 BIS 1 UHR GEÖFFNET +++ ALEXANDERPLATZ JAZZ.COM +++

SHOPPEN

CASTRONI

Hier gehen die Römer Feinkost-Shoppen, Castroni ist eine Institution mit riesiger Auswahl, dabei kann man sich mit Caffè und süßer Pasta stärken.

+++ VIA COLA DI RIENZO 196/198 +++ METRO A LEPANTO ODER OTTAVIANO +++ CASTRONICOLADIRIENZO.COM +++ MO-SA 8.30-20 UHR, SO 9.30-20 UHR +++

GIULIANI
»Marrons Glacés« steht über dem Eingang des Geschäftes, das sind die köstlichen kandierten Kastanien (ca. 3 Euro/Stück) – ein Traum für alle, die es süß lieben (wir empfehlen die mit Schokoglasur)! Leider ziemlich teuer.
+++ VIA PAOLO EMILIO 67A +++ METRO A LEPANTO +++ MARRONGLACES.IT +++ MO-SA 9-20 UHR GEÖFFNET +++

SCHLAFEN

ATLANTE STAR HOTEL
Der absolute Hit dieses Vier-Sterne-Hotels ist die Dachterrasse (Frühstück!) mit Kuppelblick und üppig grüner Blumenpracht. Die Zimmer sind weitestgehend modernisiert und im opulent neobarocken Stil eingerichtet. Das kleine Standard-DZ gibt es bei früher Buchung und mit etwas Glück ab 150 bis 170 Euro (ansonsten um 200 Euro). Am Wochenende wird es teurer.
+++ VIA G. VITELLESCHI 34 +++ METRO A OTTAVIANO +++ 06/686386 +++ ATLANTEHOTELS.COM +++

AL SAN PIETRINO
Freundliche kleine Zwei-Sterne-Herberge im dritten Stock eines Eckhauses (mit Lift), die Zimmer zum Großteil renoviert, dennoch schlicht. Kein Frühstück, aber Kaffeeautomat vorhanden. DZ um 100 Euro.
+++ VIA BETTOLO 43 +++ METRO A OTTAVIANO +++ 06/3700132 +++ SANPIETRINO.IT +++

6
TRASTEVERE UND MONTEVERDE

+++ ERLEBEN +++

TRASTEVERE, das römische Dorf? Vergessen Sie's! Trastevere ist vieles, auch interessant, unbedingt einen Besuch wert, toll zum Ausgehen und in den Gassen des historischen Handwerkerviertels überaus hübsch. Aber Trastevere ist auch: völlig überlaufen – internationale Härte im Ellbogen-Check –, rummelig und laut. In Monteverde dagegen, südlich und oberhalb von Trastevere hinter dem Gianicolo-Hügel gelegen, erwartet Sie ein ganz normaler, gutbürgerlicher römischer Stadtteil.

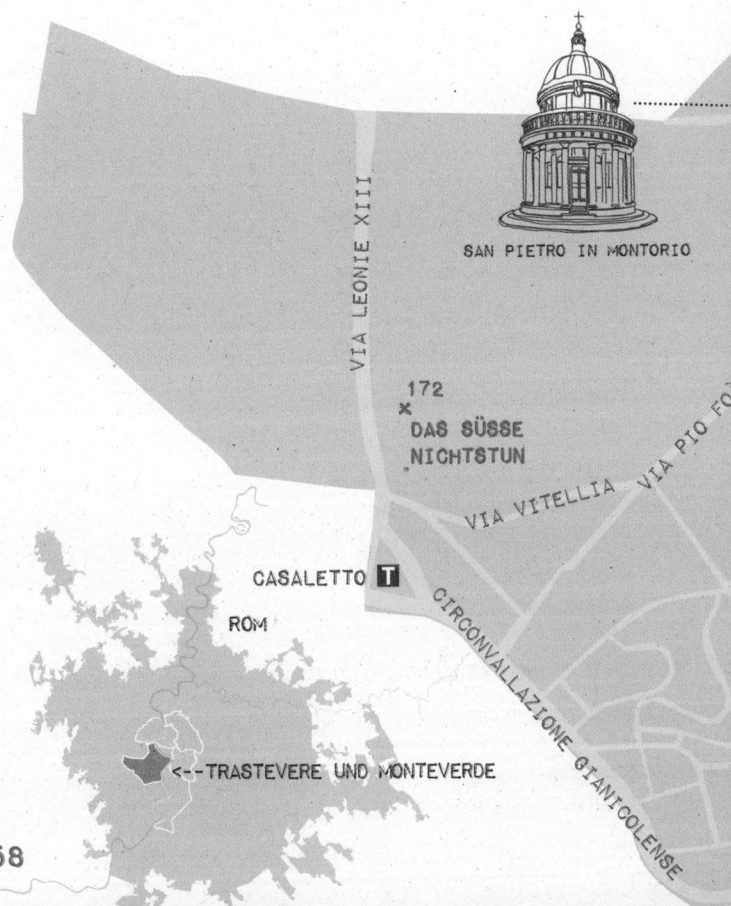

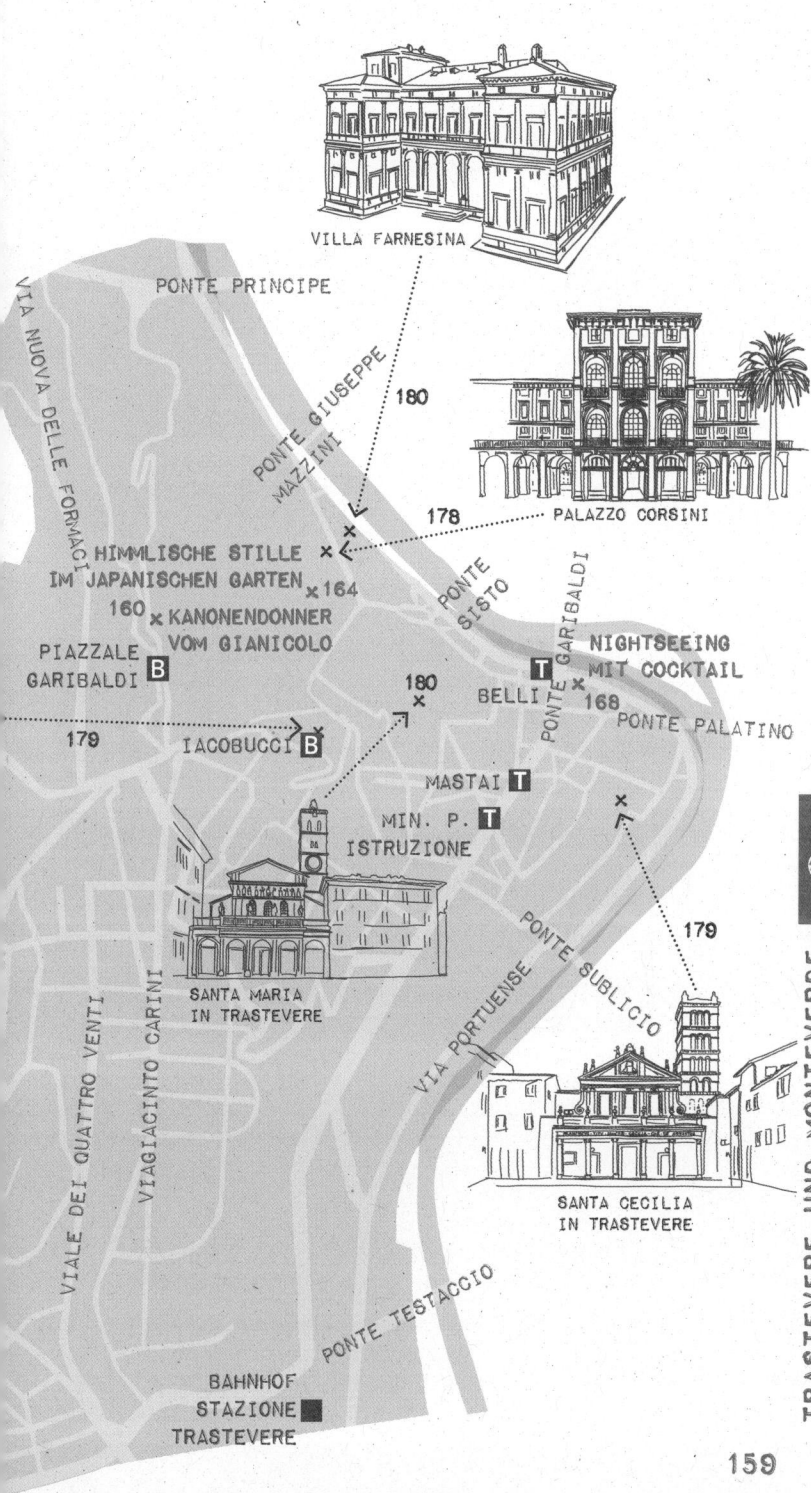

KANONENDONNER VOM GIANICOLO

IL CANNONE

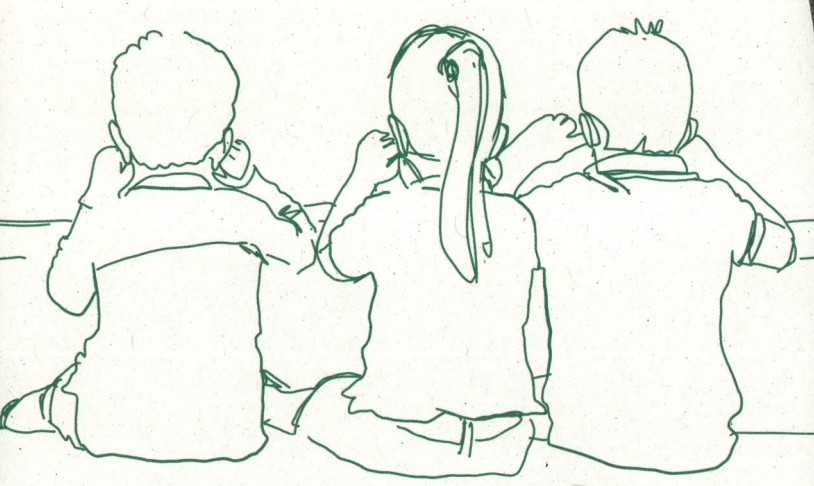

TRASTEVERE UND MONTEVERDE --> PIAZZALE GARIBALDI

+++ **STECKBRIEF** +++
WO? PIAZZA GIUSEPPE GARIBALDI +++ MIT DER TRAM 8 BIS MIN. PUBBLICA ISTRUZIONE. DANN BUS 115 PIAZZALE GARIBALDI +++ WANN? TÄGLICH UM 12 UHR +++ WIE LANGE? KAWUMMM! +++ WIE VIEL? KOSTENLOS +++ WICHTIG! IM RICHTIGEN MOMENT DIE OHREN ZUHALTEN! VERHINDERT OHRENSAUSEN +++

KOSTENLOS, FAMILIENFREUNDLICH

SCHWERES GESCHÜTZ wird herangerollt. Drei Soldaten, zwei Männer und eine Frau, mühen sich redlich, die Artillerie in Stellung zu schieben. Das Ding sieht schwer aus. Wir stehen auf der beliebten Aussichtsterrasse auf dem Gianicolo, in unserem Rücken schaut Garibaldi hoch zu Ross über die Stadt. Das bietet sich an. Von der Terrazza del Gianicolo hat man einen gigantischen Ausblick über die Ewige Stadt. Sonnenauf- und sonnenuntergangs und eigentlich immer, wenn die Sonne scheint, finden sich hier Römer und Touristen ein und lassen den Blick bis hinüber zum Apennin schweifen. Eben hat sich unter der Aussichtsterrasse, anfangs unbemerkt von den Fernsichtigen, ein Tor geöffnet. Es ist 11.45 Uhr. Auf die Sekunde genau, versteht sich. Heraus wird besagte Haubitze gerollt.

WÄHREND WIR MIT EINIGEN anderen Neugierigen rechts und links der Terrasse hinuntergehen, um die Kanone näher zu betrachten, verschwinden die Soldaten wieder in der Artilleriegarage. Oben nehmen ein paar Schaulustige auf der Mauer Platz, lassen die Beine baumeln, genießen das Panorama und die wärmende Frühlingssonne. Vögel zwitschern. Eine überaus friedliche Szenerie. Wäre da nicht ... na ja, Sie wissen schon. Die drei Soldaten kommen wieder. Im Gleichschritt und ... mit Mundschutz, wie aus dem Baumarkt. Skurril. Soldatischer Arbeitsschutz in Zeiten des Friedens. Aufstellung, Befehle, die Soldatin trägt das Geschoss, groß wie ein Brot. Sie lädt die Kanone. Im Gleichschritt zurück in die Garage. Papst Pius, heißt es, sei mächtig genervt gewesen, dass alle Kirchen der heiligen Stadt Rom zu unterschiedlichen Zeiten Mittag schlugen. Die Mailänder sind pünktlich, die Turiner eh, sogar die eigenartigen Venezianer, die bekanntlich immer zu spät kommen, haben ihre Marangona, die große Glocke im Campanile von San Marco, die verbindlich den Tag ein- und ausläutet. Nur die Römer machten mal wieder, was – und vor allem wann! – sie wollten. Also wurde Mitte des 19. Jahrhunderts verfügt, dass Punkt zwölf ein Geschütz vom Gianicolo abzufeuern sei, vernehmbar für die ganze Stadt, und dass sich alle Kirchturmuhrsteller danach zu richten hätten (ob sie das dann alle auch taten, ist allerdings nicht überliefert).

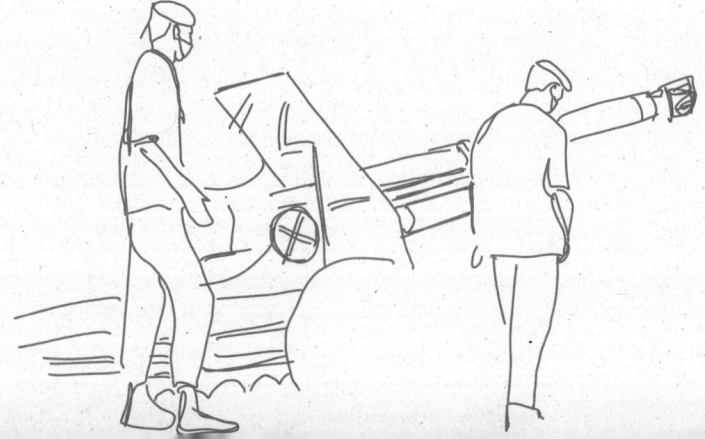

11.59 UHR. Im Gleichschritt erscheinen die drei Soldaten wieder. Der Befehlshabende nimmt Aufstellung neben dem Tor, die beiden anderen marschieren neben die Haubitze. Auf Kommando wird die Lunte zur Hand genommen. Aus dem Inneren des Tors wird angezählt: *dieci, nove, otto*. Es wird wohl laut: Die umstehenden Mütter halten ihren Kindern die Ohren zu, während die Väter mit dem Smartphone Filmchen drehen.

Der Befehlshabende neben dem Tor übernimmt: *sette, sei, cinque, quattro*. Die Zuschauer neben dem Geschütz und auf der Terrasse werden schweigsamer, dann still. *Tre, due, uno.*

Ein Knall, ohrenbetäubend, die Kanone erzittert vom Rückstoß, Rauch steigt auf. Das war laut. Es riecht nach Silvester. Das Publikum beginnt zu applaudieren. Ein Spaßvogel ruft: *Morta!*, das militärische Spektakel löst sich in Gelächter auf. Die Soldaten räumen auf und überlassen den Gianicolo wieder den Zivilisten, die mit exakt gestellten Uhren nun den Nachmittag verbummeln können.

WENN MAN SCHON MAL HIER IST:
Auf dem Weg hinunter nach Trastevere kann man einen Blick auf die **Fontana di Acqua Paola** ☐→ werfen. Eine tempelartige, barocke Schaufassade feiert den Brunnen, der bereits in der Antike die Wasserversorgung der Metropole sicherstellte und unter dem Borghese-Papst Paul V. wiederbelebt wurde.

HIMMLISCHE STILLE IM JAPANISCHEN GARTEN

EIN RUNDGANG IM ORTO BOTANICO

TRASTEVERE UND MONTEVERDE-->

T BELLI

+++ S T E C K B R I E F +++ WO? LARGO CRISTINA DI SVEZIA 24 +++ BUS H SONNINO/S. GALLICANO ODER TRAM 8 AB PIAZZA VENEZIA BIS BELLI +++ WANN? APRIL BIS OKTOBER MONTAG BIS SAMSTAG 9-18.30 UHR. IM WINTER NUR BIS 17.30 UHR +++ WIE LANGE? CA. 90 MINUTEN +++ WIE VIEL? 8 EURO. ERMÄSSIGT 4 EURO +++ WEB.UNIROMA1.IT/ORTOBOTANICO +++ WICHTIG! KOMMEN SIE MÖGLICHST IN DEN MONATEN APRIL BIS ETWA JULI. WENN ALLES BLÜHT! +++

GÜNSTIG. FAMILIENFREUNDLICH

NATÜRLICH STEHT eine Schulklasse vor uns am Kassenhäuschen, in dem ein Mitarbeiter unter Anweisung der gestrengen Klassenlehrerin sorgfältig 25 Biglietti abzählt. Werktags gehören Schulklassen hier zum Bild, der Botanische Garten ist ein beliebtes Ziel für Ausflüge mit Lerneffekt, etwa 250 sind es pro Jahr. Im Park sind wir sofort fasziniert von der üppig bunten Pracht. Zwischen sattgrünen Palmen hindurch schlendern wir auf geharktem Kiesbett zur Fontana dei Tritoni mit dem türkis schimmernden Bassin. Die Schulklasse ist links abgebogen, wir machen uns auf den Weg zu Wasserpflanzen und Sukkulenten. Am Teich werden wir von einer gepflegten Miezekatze mit Glöckchen um den Hals und einem vorwurfsvollen »Miau« begrüßt. Es nervt sie wahrscheinlich tierisch, dass alle Vögel längst weggeflogen sind, wenn sie auftaucht. Den Kois im Teich ist das egal.

SÄULEN UND STATUEN begleiten uns stets durch Rom, auch hier sehen wir zwischen der Vegetation immer wieder ein paar kopflose Marmorstatuen und umgekippte Säulenfragmente. In der Antike gehörte das Gebiet am Hang des Gianicolo-Hügels zum Villenviertel der römischen Oberschicht. Das obere Ende des zwölf Hektar großen Geländes wird von der mächtigen Aurelianischen Stadtmauer von 275 n. Chr. begrenzt. Dahinter ragt rechts die prachtvolle Fassade der Acqua Paola empor: Hier endete das antike Acquedotto Traiano, heute versorgt der Brunnen Rom mit bestem Wasser – 250 Liter in der Sekunde!

Um 1300 entstand hier der Simpliciarius Pontificius Vaticanus, der päpstliche Heilkräutergarten, damals aber auch Gemüsegarten und (wichtig!) Weinberg. Eine erste botanische Lehranstalt gab es 1513. 1883 kaufte der noch junge Staat Italien den Garten und übergab ihn der altehrwürdigen Universität La Sapienza. Sie kümmert sich seither um Erhalt und Pflege der über 3.000 Spezies umfassenden Pflanzenwelt und sorgt für deren Fortbestand: In der Serra Monumentale (Gewächshaus) befindet sich eine von 18 italienischen Samenbanken (Banca del Germoplasma), die die Pollen, Sporen, Samen und Gewebe gefährdeter Pflanzen bewahren.

UNSER HIGHLIGHT KOMMT NOCH, weiter oben am Hang: Vorbei an einigen uralten Platanen und Steineichen und den seltenen Himalaya-Zedern erreichen wir den Giardino Giapponese, den Japanischen Garten. Die Aussicht auf Rom von hier oben ist fantastisch, die Kirschblüte im Frühling der blanke Wahnsinn – eine gefühlte Ewigkeit sitzen wir auf der Parkbank, die Stadt liegt uns zu Füßen. Keine Frage, dieser Garten mit seinen Wasserfällen und den beiden Teichen, im Frühling rosa eingefärbt von Kirschblüten und bewohnt von entspannten Entenfamilien, gehört in unsere persönliche Top-Ten-Liste der »Lieblingsplätze« in Rom. In der Ferne ein wenig Tatütata und irgendwo weit weg ein Rasenmäher – ansonsten himmlische Ruhe. Bergab führt uns der Weg auf dem Rundgang durch den Bambuswald, und wir begegnen wieder der Schulklasse, jetzt beim fröhlichen Picknicken auf einer Wiese voller Gänseblümchen. Sehr gute Idee! Essen ist auf der langen Liste der Verbote (Pflanzen abrupfen, Müll hinterlassen etc.) nicht dabei – das nächste Mal also Orto Botanico mit Panino!

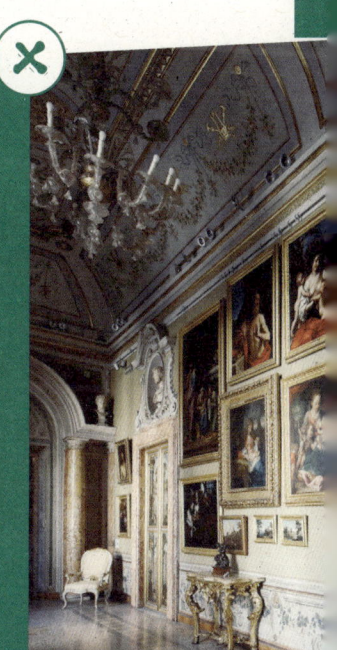

WENN MAN SCHON MAL **HIER IST**:

Im benachbarten **Palazzo Corsini** (siehe S. 178) ▢→ lebte die abgedankte Königin Christina von Schweden (1626–1689) ab 1663 im selbst gewählten Exil, nachdem sie – unerhörterweise! – zum Katholizismus konvertiert war. Weite Teile des Botanischen Gartens gehörten damals zu diesem Palazzo. An die Schwedin erinnert der Largo di Cristina di Svezia, an dem sich auch der Eingang zum Orto Botanico befindet.

NIGHTSEEING MIT COCKTAIL

RÖMISCHES NACHTLEBEN AM TIBERUFER

BELLI

TRASTEVERE UND MONTEVERDE-->

+ + + S T E C K B R I E F + + +
WO? TIBERUFER AUF DER TRASTEVERE-SEITE, ETWA AUF HÖHE DER TIBERINSEL +++ TRAM 8 BELLI +++ WANN? MITTE JUNI BIS ANFANG AUGUST, ABENDS AB 18 UHR BIS NACH MITTERNACHT +++ WIE LANGE? EINEN LAUEN SOMMERABEND LANG +++ WIE VIEL? JE NACH HUNGER UND DURST. DIE PREISE UNTERSCHEIDEN SICH NICHT GROSSARTIG VON DEN ÜBLICHEN PREISEN IN ROM +++

GÜNSTIG

EIN RUMMELPLATZ. Wir steigen die Treppen hinunter zum Tiberufer und tauchen sofort ein in den sommerlichen Nightspot, der in Rom »Lungo il Tevere« genannt wird. Und tatsächlich erstreckt sich dieser Rummelplatz wie aufgerollt »entlang des Tibers«: in etwa vom Ponte Sisto über den Ponte Garibaldi (bzw. drunter durch), an der Tiberinsel vorbei und ein ganzes Stück darüber hinaus. Unterhalb der hohen Mauern stehen »trans Tiberim«, also auf der Trastevere-Seite, Pavillon an Pavillon, Bude an Bude und Stand an Stand. Gemächlich wie der Tiber strömt die Menge durch die schmale Gasse zwischen mehr oder minder spannenden Attraktionen, die herrlich unterschiedlich sind und nicht wirklich zusammenpassen wollen: viele Bars und Restaurants natürlich, und dazwischen jede Menge Skurriles, Kitsch und Kulinarisches – eine wilde Mischung aus Trash und Nightlife.

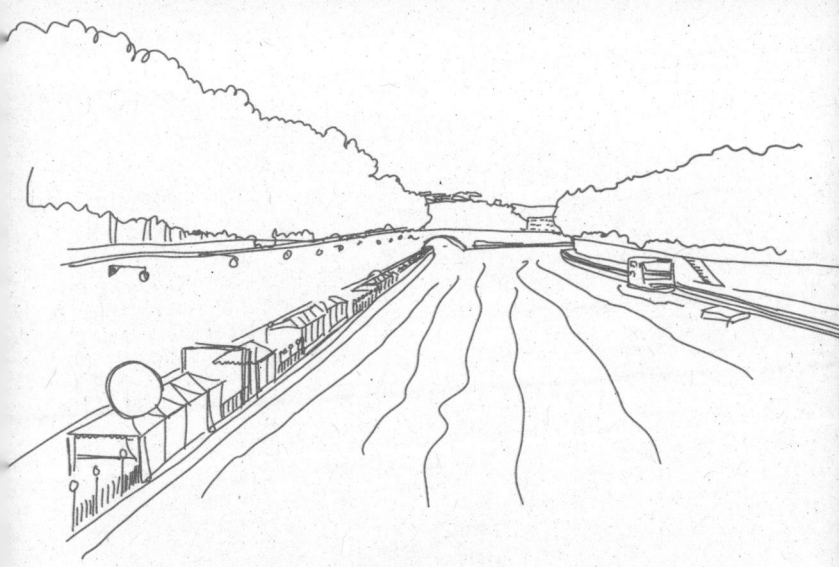

DIE STADT SCHEINT HIER weit weggerückt, was aber nicht weiter wundert, zu hoch steigen die Brücken und Mauern der Uferbefestigung. Dass der Tiber derart tiefergelegt wurde, ist die Folge eines katastrophalen Hochwassers: Am 28. Dezember 1870 stieg der Fluss 17 Meter über seine Ufer. Dabei haben schwere Fluten in Rom eine verheerende Tradition – sie sind so alt wie die Ewige Stadt selbst. Auf der Piazza di Spagna erinnert beispielsweise die Fontana della Barcaccia, der von Berninis Vater in Form einer Barke geschaffene Brunnen, an die Hochwasserkatastrophe von 1598, bei der ein Fischerboot am Fuß der Spanischen Treppe gestrandet sein soll. Die Muraglioni, die den Tiber nach 25 Jahren Bauzeit zähmen sollten, bestanden schon 1900 ihre Feuerprobe, also Wasserprobe, quasi Hochwassertaufe: 16 Meter über normal, aber kaum Überflutungen oder Schäden. Doch bis heute sind auch andere Folgen spürbar: Der Fluss ist wie aus der Stadt gerückt. Keine Romantik wie an der Seine um die Île de France, keine Gänsehäufel-Badefreuden wie in der Donau. Der Tiber gehört zu Rom und wirkt doch oft wie ein Fremdkörper, es sei denn: Es ist Sommer, und die Römer flanieren über den Rummelplatz entlang des Tibers.

ERST MAL EINE RUNDE KICKER. Tischfußball am Tiberufer hatten wir bei der Reiseplanung nicht auf dem Zettel. Umso schöner! Dann folgen wir dem trägen Strom der Menschen, vorbei an Schieß- und Losbude, einer Wahrsagerin und sogar einem Gruselkabinett. Zwischendrin immer wieder chillige Lounges, coole Cocktailbars und zünftige Biergärten, Fressbuden mit kulinarischen Verlockungen (und Grausamkeiten wie knallbunte Limonade), Verkaufsstände zwischen Kunsthandwerk, Trödel und mehr oder weniger stilsicheren Klamotten. Etwas verdutzt stehen wir an einem Vorführstand mit Vorwerk-Staubsaugern und geraten dann mitten in eine Open-Air-Karaoke-Bar: Auf dem schmalen Weg, durch den sich alle drängen, gibt ein Pärchen eine bemerkenswert gelungene Italo-Schnulzen-Performance. Irgendwann haben wir genug von dem Rummel und suchen uns eine Bar mit gemütlicher Sommerterrasse. Wir sitzen superstylish auf lindgrünen 1960er-Jahre-Hockern, nippen an unserem Aperol Spritz und genießen den Blick auf den Tiber, der tatsächlich nirgends in Rom so nah ist wie hier.

WENN MAN SCHON MAL **HIER IST**:

Wer sich vorher schon ein wenig stärken will: Römisches Streetfood heißt **Supplì** □→, das sind frittierte Reisbällchen mit Käse, Fleisch etc. Hervorragende Supplì gibt es im gleichnamigen Geschäft in der Via di San Francesco a Ripa 137 (siehe S. 181). Wer den Abend noch ein wenig verlängern will: Auch in Trastevere selbst gibt es natürlich ein Nachtleben, allen voran die super Bar **Freni e Frizione** (siehe S. 182).

DAS SÜSSE NICHTSTUN

EIN SONNTÄGLICHES PICKNICK IM PARK VILLA DORIA PAMPHILJ

TRASTEVERE UND MONTEVERDE-->

CASALETTO 🆃

+ + + S T E C K B R I E F + + +
WO? VILLA DORIA PAMPHILJ. DEN PICKNICKKORB GIBT ES IM VIVI BISTROT. VIA VITELLIA 102 +++ VIVIBISTROT.COM +++ GÜNSTIG GELEGENE PARKEINGÄNGE: ENTWEDER TRAM 8 CASALETTO (UND EIN STÜCK ZU FUSS DEN BERG HOCH ZUR VIA VITELLIA) ODER BEI DER PORTA SAN PANCRAZIO: TRAM 8 MIN. PUBBLICA ISTRUZIONE, DANN BUS 115 CARINI +++ WANN? SONNTAGS, WAHLWEISE NATÜRLICH AUCH UNTER DER WOCHE +++ WIE LANGE? ZWEI STUNDEN ODER AUCH LÄNGER. DAS VIVI BISTROT IST IM SOMMER TÄGLICH VON 8 BIS 18 UHR GEÖFFNET +++ WIE VIEL? DER PICKNICKKORB KOSTET 25 EURO PRO PERSON (MAN KANN SICH NATÜRLICH AUCH - GÜNSTIGER - SELBST VERSORGEN) +++ WICHTIG! PICKNICKKORB MINDESTENS 24 STUNDEN VORHER BESTELLEN! +++

DAS IST JA ERST MAL nicht so romantico. Der Picknickkorb wird online bestellt. Und das auch noch mindestens 24 Stunden vor dem geplanten Picknick. Picknick 2.0. Für Frühbucher. Na gut, dann wählen wir wenigstens das Menü »Picnic deluxe romantico«. Versprochen wird Bio-Qualität, und alles Verpackungsmaterial sei abbaubar. Natürlich kann man sich in einem Feinkostladen in Trastevere auch sein eigenes Festmahl im Grünen zusammenstellen. Aber wer hat schon eine große Wolldecke und seinen Picknickkorb dabei – bei einer Städtereise? 24 Stunden später (es können auch 33 gewesen sein) spazieren wir durch die Villa Doria Pamphilj, den herrlichen Park oberhalb von Trastevere und Monteverde, den größten der Stadt. Es ist Sonntag, früher Nachmittag, herrliches Wetter, strahlender Sonnenschein, wie gemalt für ein Picknick.

NATÜRLICH SIND WIR HIER nicht allein. Doch ist der Stadtpark so weitläufig, dass sich die vielen Hauptstädter, die sich zu ihrem Sonntagsspaziergang eingefunden haben, zerstreuen. Tatsächlich ist die Villa Doria Pamphilj einer der beliebtesten Parks der Römer, Touristen verirren sich eher selten hinauf auf den südlichen Ausläufer des Gianicolo. Eingerichtet hat die staatliche Grünanlage mit elegantem Gartenpalais, Barockgarten, Brunnen und Skulpturen, kleinem See und Kanal, den sich Schwäne, Enten und Schildkröten (!) teilen, ein Neffe des Pamphilj-Papstes Innozenz X. Und natürlich schlendern an einem so sonnigen Sonntag wie diesem zahlreiche Spaziergänger mit uns auf den schattigen Wegen. Ein bunter Ball springt einen Hang hinunter, verfolgt von einer schreienden Kindermeute. Weiter unten markieren Sportbeutel Tore und Spielfeld, auf dem etwas größere Kinder den calcio mit mehr Sinn für Stellungsspiel verfolgen. Jogger dehnen sich an, Hunde tollen herum. Auf einer weiten Wiese widmet sich die indische Gemeinde der Stadt mit großer Ernsthaftigkeit einem Cricket-Match. Wir widerstehen dem Drang, der Partie ein wenig länger zu folgen, schließlich haben wir noch etwas vor.

TATSÄCHLICH BEKOMMEN wir im Bistro einen Weidenkorb in die Hand gedrückt – und eine weiche Decke. Auf unsere Frage, ob es eine besonders schöne Stelle zum Picknicken gebe, macht die Signora lächelnd und achselzuckend eine ausladende Handbewegung. Schon klar: Wo nicht? Vielleicht nicht direkt neben dem Spielplatz, der fleißig betobt wird. Aber der Park ist groß genug für alle. So groß übrigens, dass er dem Druck hauptstädtischer Infrastruktur nicht standhalten konnte und eine viel befahrene, tiefergelegte Straße hindurchgeschlagen wurde. Darüber führt zum Glück eine geschwungene Fußgängerbrücke in den südlichen Teil des Parks. Wir aber gehen ein Stück zurück, vorbei an zwei improvisierten Volleyballfeldern, auf denen munter gehechtet wird, bis zu der Stelle, die wir uns schon auf dem Hinweg im Vorbeigehen ausgeguckt haben. Unter einer hohen Pinie, die Halbschatten spendet, haben wir unseren Flecken Wiese gefunden. Wir breiten die Picknickdecke aus und widmen uns den Köstlichkeiten: bunte Salate, Erdbeeren, Prosecco … Und nach dem Essen: La Dolce Farniente – einfach mal tun, was man viel öfter tun sollte: nichts.

WENN MAN SCHON MAL HIER IST:

Wer nach dem »süßen Nichtstun« wieder Hunger verspürt, findet in Monteverde diverse gute Restaurants ⬜↗. Ein klassisches Ristorante mit klassisch römischer Küche ist beispielsweise **Il Cortile** (Via Alberto Mario 26, ristoranteilcortile.it). Sehr gutes Gelato gibt es in **La Gourmandise** (Via Felice Cavallotti 36b, lagourmandise.it).

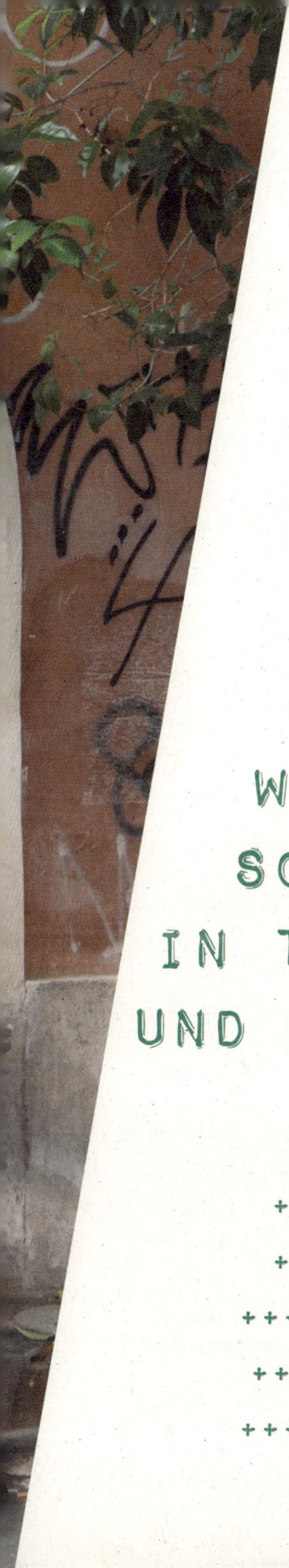

WENN MAN SCHON MAL IN TRASTEVERE UND MONTEVERDE IST

+++ SEHEN +++
+++ ESSEN +++
+++ AUSGEHEN +++
+++ SHOPPEN +++
+++ SCHLAFEN +++

SEHEN

PALAZZO CORSINI (GALLERIA NAZIONALE D'ARTE ANTICA)

Der altehrwürdige Palazzo aus dem späten 15. Jahrhundert befindet sich in Staatsbesitz und beherbergt die **Nationalgalerie für Malerei** des 16. und 17. Jahrhunderts, darunter auch Schwergewichte wie Caravaggio und Rubens. Prächtige Ausstattung – und meistens leer!

+++ VIA DELLA LUNGARA 10 +++ TRAM 8 BELLI +++ MI-MO 8.30-19 UHR +++ EINTRITT 12 EURO, ERMÄSSIGT 2 EURO. DAS TICKET GILT AUCH FÜR DEN PALAZZO BARBERINI +++ BARBERINICORSINI.ORG +++

←□SANTA CECILIA IN TRASTEVERE

Die Heilige Cecilia war eine römische Märtyrerin: Ihre Kirche gehört zu den ältesten der Stadt (ursprünglich aus dem 5. Jh.), ihre liegende Marmorstatue zu den Meisterwerken von Carlo Maderno. Unter der Kirche befinden sich die Ausgrabungen einer insula, eines antiken Mietshauses. Die formschönen Säulenbögen in der Krypta dagegen tun nur so, als wären sie alt: Sie wurden um 1900 geschaffen.

+++ PIAZZA DI SANTA CECILIA 22 +++ TRAM 8 AB PIAZZA VENEZIA BIS BELLI +++ TÄGL. 10-12.30 UHR UND 16.30-18.30 UHR (SO ERST AB 11 UHR) +++ EINTRITT FÜR AUSGRABUNGEN UND KRYPTA 2.50 EURO +++

SAN PIETRO IN MONTORIO (TEMPIETTO DI BRAMANTE)

Von Trastevere die Gassen hinauf Richtung Gianicolo liegt der Tempietto di Bramante, das wunderhübsche Renaissance-Tempelchen im Innenhof des Franziskanerklosters San Pietro in Montorio. Schöner Blick vom Kirchenvorplatz!

+++ PIAZZA SAN PIETRO IN MONTORIO 2 +++ TRAM 8 MIN. PUBBLICA ISTRUZIONE. DANN BUS 115 IACOBUCCI +++ TÄGL. 8.30-12 UHR UND 15-16 UHR (SO NUR VORMITTAGS) +++

SANTA MARIA IN TRASTEVERE

Mit leuchtenden Farben und Goldglanz beeindrucken die berühmten Mosaike von Szenen aus dem Leben Marias in der Apsis der romanischen Kirche. Santa Maria in Trastevere wurde im 12. Jahrhundert errichtet, aus dieser Zeit stammen auch die Mosaike. Die Säulen sind antik, Kassettendecke und Vorhalle dagegen barocke Neuerungen.

+++ PIAZZA DI SANTA MARIA IN TRASTEVERE +++ TRAM 8 BELLI +++ TÄGL. 7.30-21 UHR (IM HOCHSOMMER 12-16 UHR GESCHLOSSEN) +++

VILLA FARNESINA (VILLA CHIGI)

Agostino Chigi (1466–1520), päpstlicher Bankier und steinreich, ließ sich sein Domizil etwas kosten: eine suburbane Villa im Stil der Antike, mit großzügigem Garten, ausgemalt von keinem Geringeren als dem Renaissancemeister Raffael. Nach seinem Tod übernahmen die mächtigen Farnese das Anwesen, daher der Name.

+++ VIA DELLA LUNGARA 230 +++ TRAM 8 BELLI +++ MO-SA 9-14 UHR. AM 2. SO IM MONAT 9-17 UHR +++ EINTRITT 10 EURO, ERMÄSSIGT 7-9 EURO. AUDIOGUIDE INKL.. GARTEN 2 EURO EXTRA +++ VILLAFARNESINA.IT +++

ESSEN

GLASS HOSTARIA
Weit über die Stadtgrenzen hinaus bekannt ist die Sterneköchin Cristina Bowerman für ihre innovative Kochkunst. Menüs zu 90, 100 und 150 Euro.
+++ VICOLO DEL CINQUE 58 +++ TRAM 8 BELLI +++ DI-SO 19.30-23 UHR +++ 06/58335903 +++ GLASSHOSTARIA.IT +++

DA ENZO AL 29
Supergemütliche Trattoria in einer hübschen Gasse in Trastevere, die Einrichtung ein bisschen retro und ein bisschen shabby chic, das Essen typisch römisch und gut.
+++ VIA DEI VASCELLARI 29 +++ TRAM 8 BELLI +++ 06/5812260 +++ KÜCHE MO-SA 12.30-15 UHR UND 19.30-23 UHR +++ DAENZOAL29.COM +++

I SUPPLÌ
Eine Institution in Sachen Streetfood ist I Supplì: Pizza al taglio (Pizza vom Blech), Focaccia, tagesfrische Pasta und natürlich die namensgebenden frittierten Reisbällchen sind unbedingt einen Snackstopp wert.
+++ VIA DI SAN FRANCESCO A RIPA 137 +++ TRAM 8 AB PIAZZA VENEZIA BIS MASTAI +++ MO-SA 10-22 UHR +++ SUPPLIROMA.IT +++

BAR SAN CALISTO
Am Abend ist die Terrasse dieser uralt eingesessenen Bar bis auf den letzten Platz gefüllt – wer cool sein will, sitzt hier. Wir empfehlen: Reingehen und sich eine gigantisch leckere Granità al caffè con panna holen!
+++ PIAZZA SAN CALISTO 5 +++ TRAM 8 BELLI +++ MO-SA 6-1.30 UHR +++

+++++++++++++ AUSGEHEN +++++++++++++

FRENI E FRIZIONI

The place to be in der Nähe der Piazza Trilussa. Warum diese lässige Bar »Bremsen und Kupplungen« heißt? Weil sie in einer ehemaligen Autowerkstatt untergebracht ist.
+++ VIA POLITEAMA 4-6 +++ TRAM 8 BELLI +++ TÄGL. 18.30-2 UHR +++ FRENIEFRIZIONI.COM +++

CAFFÈ DELLA SCALA

Schon ein wenig am Rand des Trastevere-Rummels, nette Kneipe mit guter Musik (was allerdings Geschmackssache ist ...), tagsüber Café, Tische draußen.
+++ VIA DELLA SCALA 4 +++ TRAM 8 BELLI +++ MO-SA 8-2 UHR. SO 8-24 UHR +++ FACEBOOK.COM/ PG/CAFFEDELLASCALA4 +++

++++++++++++ SHOPPEN ++++++++++++

POLVERE DI TEMPO
Herrlicher Krimskrams rund um die Vermessung von Raum und Zeit: Sand- und Sonnenuhr, Sextant, Kompass und Globus, auch als Souvenir und Mitbringsel.
+++ VIA DEL MORO 59 +++ TRAM 8 BELLI +++ MO-FR 11-13.30 UHR UND 14.30-20 UHR. SA 11-14 UHR UND 15-20 UHR +++ POLVEREDITEMPO.IT +++

←◻ ANTICA CACIARA
Hier können Sie sich vorzüglich für ein Picknick ausstatten (siehe S. 172): riesige Käsetheke, Schinken und Salami (auch Wild), frisches Brot – und einen ordentlichen Roten gibt's natürlich auch.
+++ VIA DI SAN FRANCESCO A RIPA 140 +++ TRAM 8 MASTAI +++ MO-SA 7.30-20 UHR +++ ANTICACACIARA.IT +++

++++++++++++ SCHLAFEN ++++++++++++

GRAND HOTEL GIANICOLO
Herrliche Villa, herrliche Lage. 4-Sterne-Grandhotel-Luxus auf dem Gianicolo. Bereits das Frühstück genießt man mit fantastischem Weitblick über die Stadt. Für Rom ein gutes Preis-Leistungs-Verhältnis, aber etwas abseits. DZ inkl. Frühstück 140–180 Euro.
+++ VIA DELLE MURA GIANICOLENSI 107 +++ 06/58333405 +++ TRAM 8 MIN. PUBBLICA ISTRUZIONE. DANN BUS 115 MURA GIANICOLENSI +++ GRANDHOTELGIANICOLO.IT +++

VILLA DELLA FONTE
Freundliches Bed & Breakfast im Herzen von Trastevere. Nur fünf Zimmer, DZ inkl. Frühstück 180 Euro.
+++ VIA DELL'OLIO 8 +++ 06/58039797 +++ TRAM 8 BELLI +++ VILLAFONTE.COM +++

7
TESTACCIO UND OSTIENSE

+++ ERLEBEN +++

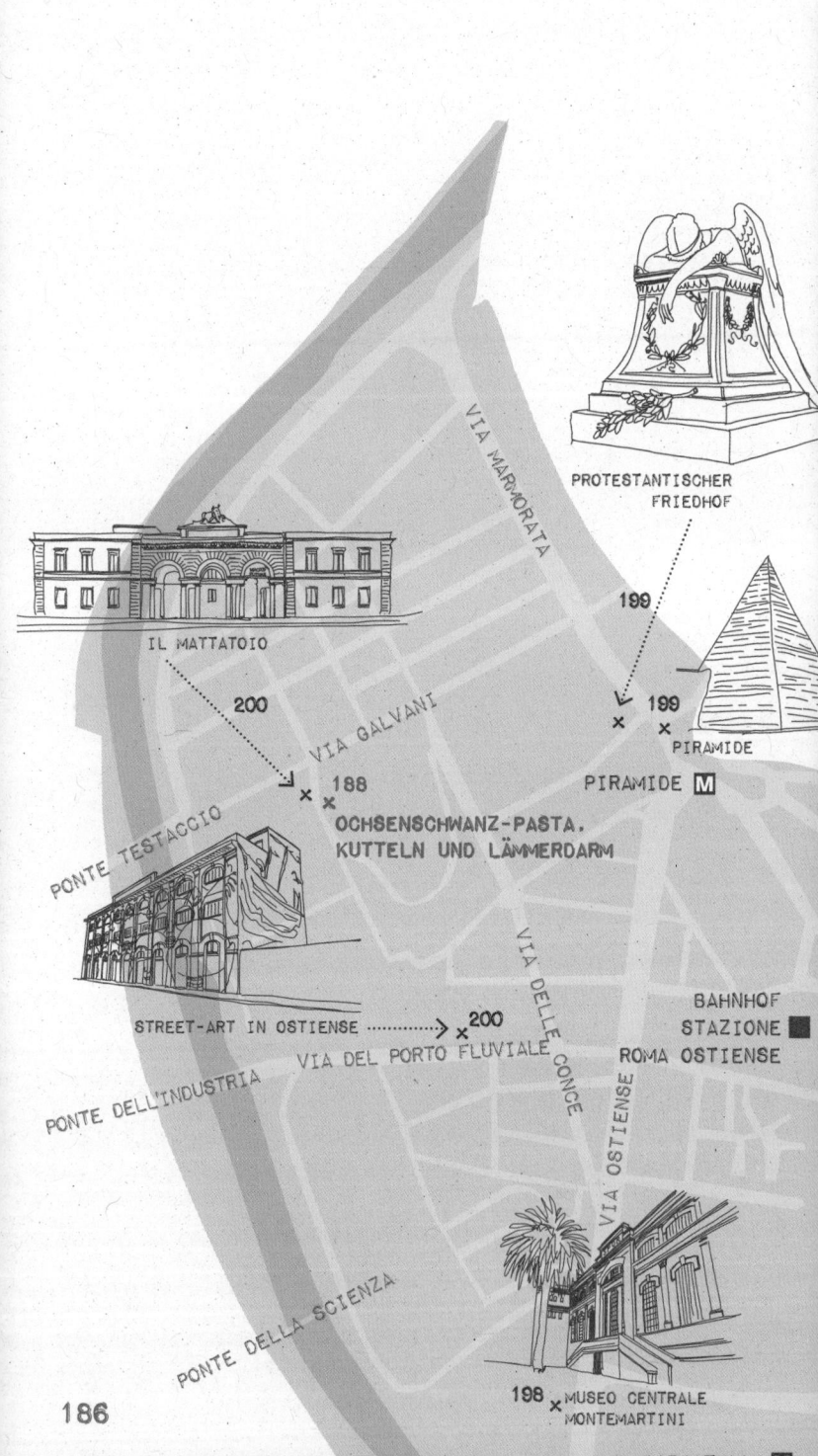

EIN GEWALTIGER HÜGEL aus Millionen antiker Tonscherben, der Monte Testaccio, gab dem einfachen Arbeiterviertel seinen Namen. In Testaccio befand sich 1891 bis 1975 auch der riesige Schlachthof der Stadt, der die angesagte Gegend zumindest kulinarisch noch immer prägt. Nur die Bahngleise trennen Testaccio vom fast noch angesagteren Ex-Industrieviertel Ostiense, wo die Szene ein wenig jünger und cooler ist, was sicherlich auch an der nahen, erst 1992 gegründeten Universität Roma Tre liegt.

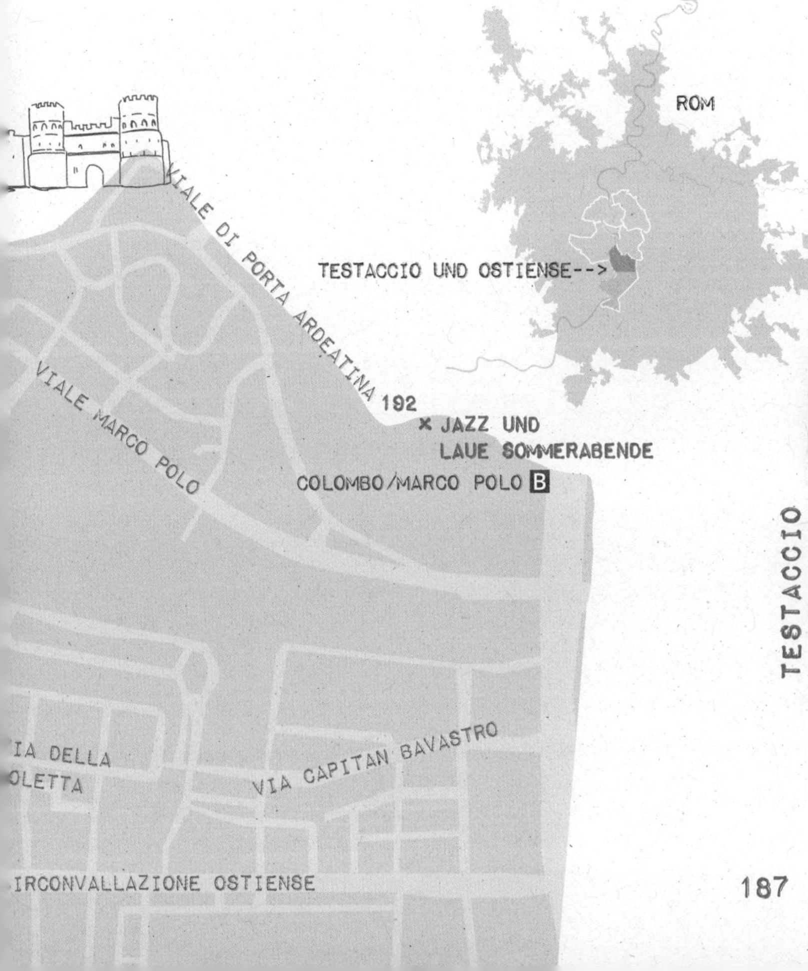

TESTACCIO UND OSTIENSE -->

192
× JAZZ UND LAUE SOMMERABENDE
COLOMBO/MARCO POLO B

OCHSENSCHWANZ-PASTA, KUTTELN UND LÄMMERDARM

RÖMISCHES ARMELEUTEESSEN: IL QUINTO QUARTO

TESTACCIO UND OSTIENSE --> ✕ Ⓜ PIRAMIDE

+ + + S T E C K B R I E F + + +
WO? RESTAURANT CHECCHINO DAL 1887, VIA DI MONTE TESTACCIO 30 +++ METRO B PIRAMIDE ODER BUS 30 BIS MARMORATA/VANVITELLI +++ WANN? TÄGLICH 12.30-15 UHR UND 20-23.45 UHR GEÖFFNET. SONNTAG ABENDS UND MONTAG GESCHLOSSEN +++ TEL. 06/5743816 +++ WIE LANGE? EIN ABENDESSEN LANG +++ WIE VIEL? ANTIPASTI/PRIMI AB 9 EURO, SECONDI AB 12 EURO, MENÜ 40-65 EURO +++ WICHTIG! VEGETARIER MÜSSEN NICHT BEI WASSER UND BROT DARBEN: 4-GÄNGIGES MENU VEGETARIANO 42 EURO +++

MIT EIN WENIG UNBEHAGEN erinnern wir uns an den Eintopf, der uns einst im tiefsten piemontesischen Westalpental serviert wurde. Lange kauten wir damals auf dem zähen Hahnenkamm herum (die Schnecken dagegen waren zart und delikat). Das gehört nun einmal auch zur italienischen Küche und muss probiert werden. Berufsrisiko.

Wir sind in Testaccio, im Checchino dal 1887. Das alteingesessene Ristorante, das sich an den berühmten Scherbenhügel schmiegt, ist weithin bekannt für seine typisch römische Innereien-Küche. Ganz alte Schule. Während ein weiß livrierter Kellner uns mit Wasser, Wein und Brot versorgt, hat sich der Padrone unserer angenommen. Mit freundlicher Geduld navigiert er uns durch die Karte, zugegebenermaßen ist uns die ein oder andere Nuance dieser kulinarischen Tradition auf Italienisch nicht sofort präsent.

CODA ALLA VACCINARA, in der Pasta oder als Suppe: Ochsenschwanz, klar. »Trippa« sind Kutteln und »alla romana« genauso ein Klassiker wie »lingua in salsa verde«, Rinderzunge mit grüner Sauce. Oder »pajata«, der Darm vom Milchlamm. Anschaulich fährt der Padrone Kurven auf seinem Bauch. Aber dann wird's schon spezieller: Wissen Sie, was Kalbsbries auf Italienisch heißt? Wir jetzt schon: »animelle«. Und »testina« müsste Kopffleisch sein. »Fegato« kennen wir natürlich, gemeinsam klopfen wir uns zur Bekräftigung auf die Leber. Zur Geduld scheint sich der freundliche Signore gar nicht zwingen zu müssen. Gestenreich und nachsichtig führt er uns durch die anatomischen Finessen der Speisekarte und scheint sich darüber zu freuen, dass da zwei Deutsche daherkommen und sich für die traditionelle römische Küche interessieren. »Quinto quarto« wird diese Küche genannt, das »fünfte Viertel«. Die mathematische Unschärfe stammt aus dem römischen Schlachthof. Das fünfte Viertel sind Fleischabfälle, Innereien, Knochen, Sehnen, Knorpel. Sie machen, so heißt es, ein Viertel des Schlachtgewichts aus und blieben doch übrig – hätten nicht die Arbeiter des Schlachthofs ihren kargen Speiseplan damit erweitert. Armeleuteessen eben.

UNSER ABENDMAHL ist jedenfalls alles andere als karg. Mit der Pasta kommen unwillkürlich Kindheitserinnerungen zurück. Als wir dieses Aroma das letzte Mal schmeckten, hatten wir wahrscheinlich kurz zuvor den Scout-Schulranzen in die Ecke gepfeffert, bevor wir uns hungrig an den Mittagstisch setzten. Aber natürlich sind die »Rigatoni al sugo di coda alla vaccinara« viel feiner und raffinierter, das butterzarte Fleisch und die hausgemachte Pasta schlagen die schnelle »Knorr Ochsenschwanzsuppe« von damals um Längen, ach was: Welten! Schließlich essen wir im Checchino dal 1887, seit vielen Jahren eine der ersten Adressen, wenn es um die römische Schlachthofküche geht. Was Gastro-Hipster in Hauptstadtszenevierteln heute vollmundig als »nose to tail« verkaufen, ist hier selbstverständlich, hat eine lange Tradition. Das Checchino ist so alt wie der ehemalige Schlachthof gegenüber, der aber längst stillgelegt wurde. Auch was wir noch probieren, darunter das klassische »arrosto misto«, ist köstlich. Nur der »Nervetti«-Salat – eingelegte Rindersehnen – ist etwas gewöhnungsbedürftig: Denn obwohl lange weich gegart, hat man noch ordentlich daran zu kauen ...

WENN MAN SCHON MAL HIER IST:
Das Restaurant **Checchino dal 1887** liegt am Anfang der Ausgehmeile **Via di Monte Testaccio**, auf der man sich in diversen Kneipen, Clubs und Discos vor allem am Wochenende die Nacht um die Ohren schlagen kann (siehe S.202) ↗ »Quinto quarto« essen lässt es sich auch in einigen anderen Restaurants des Viertels (siehe S. 201).

JAZZ UND LAUE SOMMERABENDE

EIN ABEND IN DER CASA DEL JAZZ

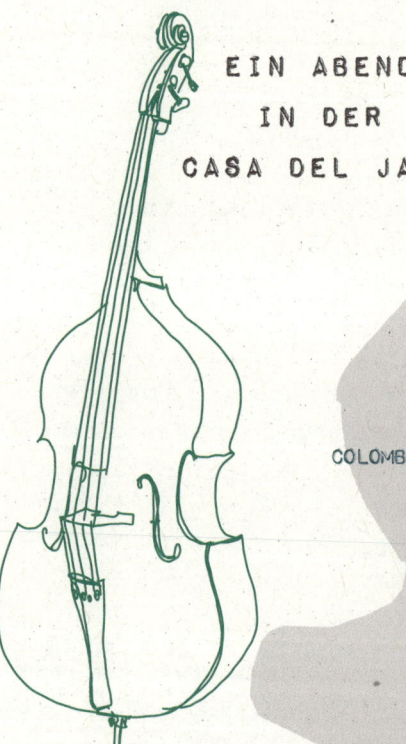

COLOMBO/MARCO POLO B

<--TESTACCIO UND OSTIENSE

+ + + S T E C K B R I E F + + +
WO? VILLA OSIO. VIALE DI PORTA ARDEATINA 55
+++ BUS 714 COLOMBO/MARCO POLO +++ WANN? DIE
KONZERTE BEGINNEN IN DER REGEL UM 21 UHR. DAS
AKTUELLE PROGRAMM FINDET MAN AUF DER WEBSITE
+++ CASAJAZZ.IT +++ WIE LANGE? CA. 90 BIS
120 MINUTEN +++ WIE VIEL? 10-15 EURO +++

»IT DON'T MEAN a thing, if it ain't got that swing!« Der berühmte Jazz-Standard des großen Duke Ellington ist ein treffendes Leitmotiv der Casa del Jazz. Es ist bedeutungslos, wenn es nicht diesen Swing hat! Heute haben wir uns, ehrlich gesagt, nicht einmal die Mühe gemacht, uns über das Trio zu erkundigen, das am Abend spielen wird. Wer in der Casa del Jazz auftritt, beherrscht sein Arbeitsgerät – und weiß, wie es swingt! Es ist ein herrlicher Ort, eine Oase: Die Casa del Jazz liegt jenseits der Aurelianischen Stadtmauer bei der Porta Ardeatina inmitten eines kleinen, von Pinien bestandenen Parks, der Villa Osio. Mauern schirmen den Verkehrslärm des viel befahrenen Viale ab. Kaum sind wir durch das Tor getreten, ist die italienische Großstadthektik ausgeblendet, der Stresslevel sinkt rapide, und sogar die Hitze des Tages ist bald vergessen.

APERICENA? CERTO. COME NO! Es ist noch ein bisschen Zeit, bevor das Konzert beginnt. Hinter dem Haus finden sich die Besucher zum Apericena ein – so nennt sich die junge, zurzeit recht angesagte (Sprach-)Fusion aus Aperitivo und Cena (Abendessen). Häppchen und Spritz eben – und vielleicht noch einen kleinen Häppchen-Nachschlag. Wir suchen uns einen Platz auf der Terrasse und genießen die entspannte Atmosphäre. Bis es auf der großen Sommerbühne auf der Wiese schräg gegenüber losgeht, geben die Zikaden einstweilen ein stimmgewaltiges Ständchen.

Früher gehörte das Anwesen einem Mafiaboss. Die Villa Osio wurde Ende der 1990er-Jahre konfisziert und in den 2005 eröffneten und bald stadtbekannten Jazzclub umgewandelt. Die Casa del Jazz bietet dabei nicht nur eine Bühne, sondern (Achtung, Musiker!) auch ein Kultur- und Bildungszentrum samt Jazz-Bibliothek, mithin ein Treffpunkt für Jazzmusiker und Produzenten. Und im Sommer eben Open-Air-Bühne. Bei den Konzerten, die im Rahmen des Roma Jazz Festivals stattfinden, treten nationale und internationale Stars des Jazz, renommierte italienische Singer-Songwriter, aber auch Local Heroes der hiesigen Szene auf.

LOCAL HEROES AUCH HEUTE. Die Musiker von *Radical Gipsy* springen auf die Bühne. Ansatzlos beginnt das junge römische Jazz-Trio, zwei Gitarren, ein Bass, in bester Django-Reinhardt-Manier loszulegen und nimmt mit schwungvoll performten Jazz-Standards das Publikum und uns sofort mit. Die meisten Zuschauer sitzen in den Reihen vor der Bühne, nippen am Drink und wippen im Takt. Das steckt an. Es ist dunkel geworden, und der Mond wandert über die Pinien. Ein Signore stopft geduldig seine Pfeife, und jemand hat seinen Hund dabei, der sich genüsslich im kühlen Gras wälzt. Andere gehen im Park unter den Bäumen flanieren, wieder andere sitzen weiterhin abseits auf der Terrasse und unterhalten sich leise. Aber nichts davon wirkt in irgendeiner Weise despektierlich gegenüber den Musikern: Alle sind schließlich wegen des Konzerts hier, und jeder im Park hat mindestens ein Ohr auf die Musik. In der lauen römischen Sommernacht genießen wir einen entspannten, atmosphärischen Abend. Hauptsache, es swingt!

WENN MAN SCHON MAL HIER IST:

Die **Mura Aureliane** □→, die Aurelianische Stadtmauer, ist ein mächtiger Bau aus dem Jahr 275 n. Chr., der noch heute die Stadt fast lückenlos in einem knapp 19 Kilometer umfassenden Ring umgibt. Fertig war die Mauer mit einer Höhe von sechs, an manchen Stellen zehn Metern nach nur fünf Jahren Bauzeit! Einen besonders guten Blick darauf hat man am **Viale di Porta Ardeatina**, gegenüber der Villa Osio befindet sich die im 16. Jahrhundert eingebaute Bastion.

WENN MAN SCHON MAL IN TESTACCIO UND OSTIENSE IST

+++ SEHEN +++
+++ ESSEN +++
+++ AUSGEHEN +++
+++ SHOPPEN +++
+++ SCHLAFEN +++

SEHEN

MUSEO CENTRALE MONTEMARTINI

Antike Marmorstatuen vor der Industriekulisse stillgelegter Maschinen des Jugendstil-Elektrizitätswerks – ein abgefahrener Kontrast! Obwohl Zweigstelle der Kapitolinischen Museen ist es hier fast nie voll, was sicher auch mit der abseitigen Lage zusammenhängt.

+++ VIA OSTIENSE 106 +++ METRO B GARBATELLA +++ DI-SO 9-19 UHR +++ EINTRITT 9 EURO, ERMÄSSIGT 8 EURO +++ CENTRALEMONTEMARTINI.ORG +++

←◻ PIRAMIDE

Eine Pyramide als Grabmal wünschte sich der römische Volkstribun Caius Cestius. Im späten 1. Jahrhundert v. Chr. war das ja nun wirklich nichts Außergewöhnliches, als Ägypten hip (und erobert) war und man etliche Obelisken von dort nach Rom schleppte. In seiner Pyramide wurde der Tribun 12 v.-Chr. beigesetzt. Heute ist das Innere leer und nur sporadisch zu besichtigen. Nebenan im Grünen befindet sich aber eine äußerst lebendige Katzenkolonie, die hier von Freiwilligen versorgt wird (Viale del Campo Boario, tägl. 14–16 Uhr, igattidellapiramide.it).

+++ VIA RAFFAELE PERSICHETTI +++ METRO B PIRAMIDE +++ 3. UND 4. SA UND SO IM MONAT UM 11 UHR +++ EINTRITT 5.50 EURO +++ VORBUCHUNG OBLIGATORISCH UNTER COOPCULTURE.IT ODER 06/3996770 (BUCHUNGSGEBÜHR 2 EURO) +++

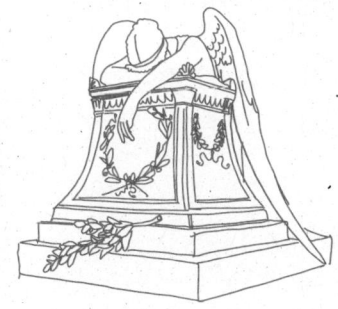

PROTESTANTISCHER FRIEDHOF

Der Cimitero Acattolico, so der italienische Name, ist eine kleine grüne Oase an der Verkehrshölle Piazzale Ostiense. In kunstvoll gestalteten Marmorgräbern haben viele Nicht-Katholiken hier die letzte Ruhe gefunden, darunter die beiden englischen Romantiker John Keats und Percy Bysshe Shelley.

+++ VIA CAIO CESTIO 6 +++ METRO B PIRAMIDE +++ MO-SA 9-16.30 UHR, SO BIS 12.30 UHR +++ SPENDE ERWÜNSCHT +++ CEMETERYROME.IT +++

IL MATTATOIO

Einige der Hallen des alten, 1891 eröffneten und 1975 stillgelegten Schlachthofes (ital. Mattatoio) auf dem riesigen Gelände am Tiber beherbergen heute ein **Museum für zeitgenössische Kunst** in wechselnden Ausstellungen. Darüber hinaus finden hier diverse Workshops – Tanz, Theater, Musik – und zahlreiche Veranstaltungen statt. Der Anblick der alten Schlachtbänke und Vorrichtungen industrieller Massenschlachtungen bzw. Fleischverarbeitung gefällt aber ganz bestimmt nicht jedem, schon gar nicht überzeugten Vegetariern!

+++ PIAZZA ORAZIO GIUSTINIANI 4 +++ METRO B PIRAMIDE +++ MATTATOIOROMA.IT +++ TÄGL. 10-20 UHR +++ EINTRITT JE NACH AUSSTELLUNG 6-10 EURO +++

STREET-ART IN OSTIENSE

Eines der Zentren der äußerst aktiven römischen Street-Art-Szene ist das alte Industrieviertel Ostiense, und hier im Besonderen die Via del Porto Fluviale. Ein Spaziergang lohnt, zumal es dort auch zahlreiche Lokale gibt!

+++ VIA DEL PORTO FLUVIALE +++ METRO B PIRAMIDE +++ JEDERZEIT ZUGÄNGLICH +++

+++++++++++++++ ESSEN +++++++++++++++

FELICE A TESTACCIO
Das elegante und moderne Ristorante serviert Klassiker der römischen Küche, die Karte wechselt täglich. Angenehm klimatisiert, meist voll (für den Abend reservieren!), Menü um 40 Euro, mittags ist es günstiger.
+++ VIA MASTRO GIORGIO 29 +++ 06/5746800 +++ METRO B PIRAMIDE +++ TÄGL. 12.30-15 UHR UND 19-23.30 UHR +++ FELICEATESTACCIO.IT +++

»DA OIO« A CASA MIA
Junges Publikum und lässige Atmosphäre, im Sommer ein paar Tische auch draußen an der Via Galvani, hier gibt es noch die typische Schlachthofküche zu relativ kleinen Preisen.
+++ VIA GALVANI 43/45 +++ METRO B PIRAMIDE +++ 06/5782680 +++ TÄGL. 12.30-23.30 UHR. SO RUHETAG +++ FACEBOOK.COM/PG/TRATTORIADAOIO/ABOUT +++

DA BUCATINO
Eine der volkstümlichsten Trattorien in Testaccio, zum Essen der kleckergefährlichen Bucatini alla amatriciana gibt es ein extra Schlabberlätzchen. Familiäre Atmosphäre, guter Hauswein, abends auch Pizza.
+++ VIA LUCA DELLA ROBBIA 84/86 +++ METRO B PIRAMIDE +++ 06/5746886 +++ DI-SO 12-15 UHR UND 19-23.55 UHR +++ DABUCATINO.IT +++

TRAM DEPOT
Der schönste Platz für ein kleines Frühstück, einen Snack, Aperitivo oder Cocktail, etwas zurückversetzt von der Straße.
+++ VIA MARMORATA 13 +++ METRO B PIRAMIDE +++ IN DEN SOMMERMONATEN TÄGL. 8-2 UHR +++ FACEBOOK.COM/TRAMDEPOTROMA +++

AUSGEHEN

L'ALIBI

Einst die erste Schwulendisco Roms, heute ist das Publikum eher bunt gemischt. Mehrere Dancefloors, diverse Themenabende, Dachterrasse.

+++ VIA DI MONTE TESTACCIO 44 +++ METRO B PIRAMIDE +++ DO-SA 23.30-5 UHR GEÖFFNET +++ FACEBOOK.COM/ALIBICLUBROMA +++

GOA CLUB

Eine der angesagtesten Discos in Rom, hauptsächlich House, Techno und sonstiges Elektronisches, hier haben schon viele bekannte DJs aufgelegt.

+++ VIA LIBETTA 13 +++ METRO B GARBATELLA +++ DO-SA 23-5 UHR GEÖFFNET +++ GOACLUB.COM +++

++++++++++++ SHOPPEN ++++++++++++

VOLPETTI
Traditionsreiches Feinkostgeschäft, das das Herz jedes Gourmets höherschlagen lässt – Salumi, Käse, Wein, Olivenöl ...
+++ VIA MARMORATA 47 +++ METRO B PIRAMIDE +++ MO-FR 8.30-14 UHR UND 16.30-20.15 UHR, SA 8.30-20.15 UHR +++ VOLPETTI.COM +++

← EATALY
Das Feinkostimperium hat natürlich auch in Rom ein Gourmetkaufhaus: drei großzügige Stockwerke im bewährten Eataly-Konzept mit diversen »Ristorantini«.
+++ PIAZZALE XII OTTOBRE 1492 +++ METRO B PIRAMIDE +++ TÄGL. 9-24 UHR +++ EATALY.NET +++

++++++++++++ SCHLAFEN ++++++++++++

ABITART
Das Vier-Sterne-Designhotel mit seiner besonderen Fassade und dem begrünten Dach fällt auf in Ostiense, die Zimmer sind individuell und modern eingerichtet. Gutes und günstiges Restaurant (Menü 30 Euro). DZ um 150 Euro, bei früher Buchung und unter der Woche auch schon um 130 Euro. Besondere Angebote gibt es für Familien.
+++ VIA MATTEUCCI 10/20 +++ METRO B PIRAMIDE +++ 06/4543191 +++ ABITARTHOTEL.COM +++

B&B A CASA DI BARBARA
Einfachere Unterkunft vis-à-vis der berühmten Kasernenfassade des Street-Art-Künstlers *Blu* in der Via del Porto Fluviale. Zimmer in unterschiedlicher Ausstattung, teils etwas altmodisch, aber sehr gepflegt. DZ um 90 Euro. Kleine Küche vorhanden.
+++ VIA DEL GAZOMETRO 35 +++ METRO B PIRAMIDE +++ BUCHUNGEN ÜBER DIE GÄNGIGEN BUCHUNGSPORTALE +++

8
AUSSERHALB DER STADTMAUERN
+++ ERLEBEN +++

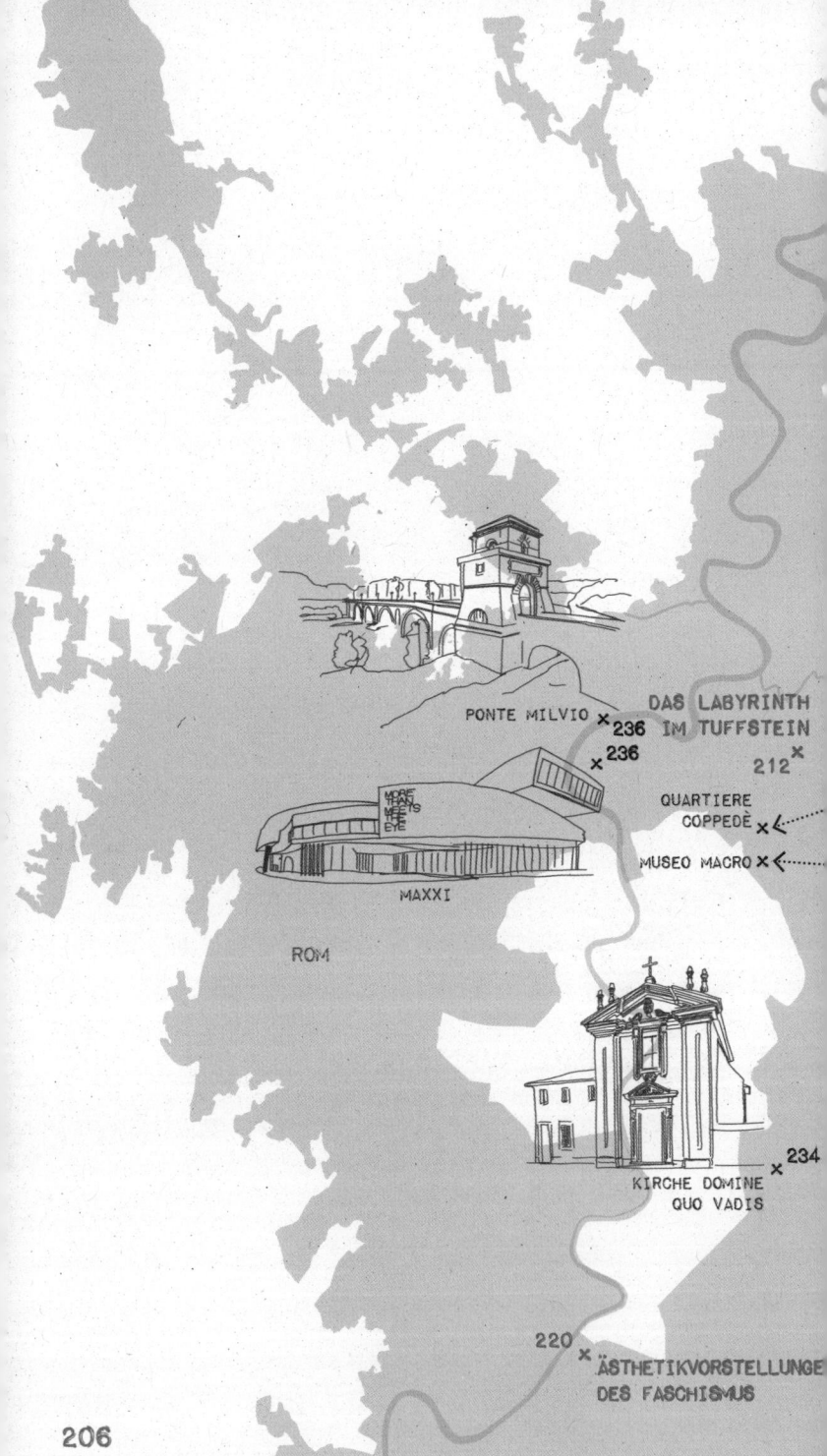

MIT WENIGEN AUSNAHMEN spielt sich Roms riesiges Touristenaufkommen innerhalb der Stadtmauern ab, außerhalb wird – ganz banal – gelebt, hier wohnen die jungen und alten, die alteingesessenen und zugezogenen Römer: Vor der Stadtmauer, »fuori le Mura«, liegen im Norden das schicke Flaminio, im Nordosten bürgerliche Wohngegenden wie Trieste, im Osten das studentische San Lorenzo, im Südosten die Arbeiter- und Einwandererviertel wie Pigneto oder Torpignattara, und ganz im Süden dann EUR, die Stadt aus der 30er-Jahre-Retorte.

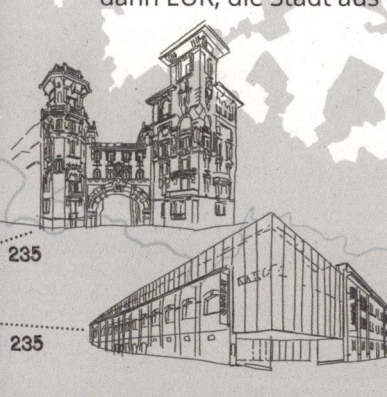

235

235

ZWISCHEN GYROS-PITA
UND SPARWASSER
08
216 STREET-ART
AUF RÖMISCH

ALLE WEGE
FÜHREN NACH ROM
228
224 DIE STADT
DER ILLUSIONEN

ZWISCHEN GYROS-PITA UND SPARWASSER

EIN ABEND IM SZENEVIERTEL PIGNETO

+ + + S T E C K B R I E F + + +
WO? VIA DEL PIGNETO +++ METRO C PIGNETO +++ WANN? FREITAG- ODER SAMSTAGABEND +++ WIE LANGE? EINEN ABEND LANG +++ WIE VIEL? KOSTENLOS +++

208 KOSTENLOS, FAMILIENFREUNDLICH

NACHDEM WIR uns von schier endlosen Rolltreppen aus der nagelneuen Metrostation Pigneto nach oben haben tragen lassen, steuern wir erst mal die Fußgängerbrücke an, die über die Gleise führt. Als würde es sich für ein altes Eisenbahnerviertel gehören, zerschneiden diese die Via del Pigneto, die zentrale Achse des Quartiers. Um genau zu sein, ist der Pigneto ein traditionelles Straßenbahnerviertel, denn hier wurden schon Straßenbahnen und Busse gebaut und deponiert, als der öffentliche Nahverkehr noch von Pferden gezogen wurde. Vom Dauerzustand Wirtschaftskrise schwer gebeutelt, hatte sich die Gegend aber bald einen ziemlich miesen Ruf eingehandelt. Untrennbar verbunden ist das Viertel mit Pier Paolo Pasolini, der 1961 vor allem hier seine erste sozialkritische Milieustudie *Accattone – Wer nie sein Brot mit Tränen aß* drehte.

DOCH DIE ZEIT PROLETARISCHER Trostlosigkeit ist vorbei. Heute ist Pigneto eines der, wenn nicht *das* Szeneviertel Roms, und genau dorthin zieht es uns an diesem lauen Samstagabend. Das Flair dieser Gegend nimmt einen sofort gefangen, spätestens wenn man in der oberen Via Pigneto in die Fußgängerzone kommt. Der Abend ist schon fortgeschritten, hier steppt der Bär. Cafés und Enotheken reihen sich aneinander und haben ihre Tische hinausgestellt, an denen kaum ein Platz unbesetzt ist, dazwischen Street-Art und Streetfood, Galerien und kleine Läden. Sehen und gesehen werden? Das spielt hier keine große Rolle. Es wird eher uneitel flaniert. Man taucht ein in die Atmosphäre, ist mittendrin und ganz entspannt. Ziellos biegen wir in eine Seitengasse und finden einen gut besuchten Laden mit griechischem Fastfood. Ohne großen Hunger holen wir uns eine Gyros-Pita, und die ist – ungelogen – die beste Gyros-Pita westlich von Korfu-Stadt. Eine Ecke weiter geraten wir unversehens in ein Straßenfest. Mitten auf der leicht abfallenden Via sitzen drei Musiker auf Klappstühlen und spielen mit Quetschkommode, Geige und Gitarre zum Tanz auf.

EINE WEILE WIPPEN WIR mit zu italienischer Volksmusik und lassen uns dann weitertreiben. Das Dreieck um die Fußgängerzone ist nur ein kleiner Teil von Pigneto, das, so bunt und kreativ, multikulti und hip es daherkommt, auch reif wäre, gentrifiziert zu werden, könnte man zynisch anmerken. Doch diesen Gedanken schieben wir beiseite. Und spazieren an dem alternativen Kulturzentrum vorbei, das recht unitalienisch »Sparwasser« heißt. Die älteren Fußballfans beider Deutschlands werden sich erinnern: Der Name ist eine Hommage an Jürgen Sparwasser, den langjährigen Stürmer des 1. FC Magdeburg, der in der einzigen deutsch-deutschen Partie bei der WM 1974 das Siegtor für die DDR-Auswahl schoss. Uns aber zieht es ins Necci dal 1924. Pasolini soll diesen Ort geliebt haben. Die Working-Class-Patina des Lokals ist zwar wegrenoviert, doch das Necci von heute ist überaus beliebt und der besonders schöne Garten der traditionsreichen Location wie immer bestens besucht. Wir haben Glück und finden noch ein Plätzchen draußen, um den Abend in angenehmer Atmosphäre ausklingen zu lassen.

WENN MAN SCHON MAL **HIER IST**:

Auch tagsüber lässt es sich in Pigneto ⬜→ hervorragend aushalten, ob zum Frühstück im Garten des **Necci** (siehe S. 237) oder in den Cafés im verkehrsberuhigten Teil der Via del Pigneto, auf der übrigens an Werktagen vormittags Markt ist. Hier findet sich auch **La Tuba**, eine Buchhandlung, die sich auf Frauenliteratur spezialisiert hat (mit Café, Di–Sa 8–2 Uhr, So erst ab 17 Uhr geöffnet).

DAS LABYRINTH IM TUFFSTEIN

DIE PRISCILLA-KATAKOMBEN AN DER VIA SALARIA

+++ **S T E C K B R I E F** +++
WO? VIA SALARIA 430 +++ METRO B BOLOGNA, DANN BUS 310 PRISCILLA (RICHTUNG VESCOVIO) +++ WANN? TÄGL. AUSSER MO 9-12 UHR UND 14-17 UHR +++ WAS? FÜHRUNG, BEI BEDARF AUCH ENGLISCH-SPRACHIG. ANMELDUNG UNTER TEL. 06/45428493 +++ WIE LANGE? ETWA 45 MINUTEN +++ WIE VIEL? 8 EURO, ERMÄSSIGT 6 EURO +++ WICHTIG! GANZ-JÄHRIG IST ES IN DEN KATAKOMBEN 15 GRAD C KALT. JACKE NICHT VERGESSEN! +++

GÜNSTIG, FAMILIENFREUNDLICH

»NO PICTURES!«, sagt uns Emanuele, als wir die vielen steilen Treppen in die Katakomben hintersteigen. Klar, wir begeben uns zu einem Friedhof – mit geöffneten Gräbern –, so viel Respekt sollten wir den Toten entgegenbringen, auch wenn hier kein einziger Knochen mehr zu sehen ist. Wir haben uns absichtlich für die abgelegenere der unterirdischen römischen Grabanlagen entschieden, in der Hoffnung auf weniger Leute als bei den von Busladungen heimgesuchten Katakomben an der Via Appia Antica. Zunächst scheint die Rechnung auch aufzugehen: Gemeinsam mit nur acht anderen Besuchern sitzen wir in einem fast schon historischen Warteraum und wissen auch nicht so genau, worauf wir noch warten – bis der Bus mit einer Gruppe Amerikaner kommt. Erst dann geht es los. Wenige Leute und Rom, das passt wohl einfach nicht zusammen. Zumindest nicht, wenn es sich um einen Ort von irgendwie touristischem Interesse handelt.

GANZ ROM STEHT AUF TUFFSTEIN, einem sehr stabilen Stein, in den man dennoch leicht graben kann. Kein Wunder also, dass die Stadt in der Antike quasi »unterkellert« wurde. Heute ist das ein Problem, das man tagtäglich im öffentlichen Nahverkehr zu spüren bekommt: Jahrzehntelang gab es gerade mal zwei U-Bahnlinien durch die 2,9-Millionen-Metropole, neuerdings sind es drei. Neue Linien bauen? Fast unmöglich, die Stadt ist ein archäologisches Minenfeld. Und das bis weit in die heutigen Vorstädte hinein. Wie eben auch hier, in diesem so unspektakulären modernen Wohnviertel, durch das einst die antike Salzstraße Via Salaria in Richtung Norden führte.

Unten angekommen wird uns schnell klar, dass wir uns in einem Labyrinth befinden. 13 Kilometer unterirdische Gänge auf zwei Ebenen und 40.000 Gräber (!), die alle ziemlich gleich aussehen – hier wollen wir auf keinen Fall verloren gehen! Rechts, links, ein paar Stufen hinunter und wieder links folgen wir unserem Guide möglichst dicht auf den Fersen, der sich in den Katakomben wahrscheinlich auch im Schlaf zurechtfinden würde. Na ja, ein paar Touristen habe er schon mal verloren, erzählt er augenzwinkernd – aber am Ende dann doch wieder eingesammelt.

ENTDECKT WURDEN DIE KATAKOMBEN Ende des 16. Jahrhunderts, benannt sind sie nach ihrer Stifterin Priscilla, deren Familie im Besitz des hiesigen Grundstücks war. Innerhalb der Stadtmauern durfte im Alten Rom niemand begraben werden, und so wuchsen die Katakomben im Lauf der Jahrhunderte zu immer größeren unterirdischen Friedhöfen an – gestorben wird schließlich immer. Entgegen allen Klischees waren die Grabanlagen aber keineswegs geheim, erklärt der Guide und führt uns zum Highlight unseres Rundgangs: der Cappella Greca, einer Kapelle mit bunten Fresken, die zumeist Szenen aus dem Alten Testament zeigen. Und ein Stück weiter ganz klein in einem Deckenfresko eine Madonna mit Kind aus der Zeit um ca. 230 bis 240 n. Chr. – es soll sich um das älteste Fresko einer Madonna überhaupt handeln! Andächtig schweigend folgen wir Emanuele auf seinem versierten, ach was: traumwandlerischen Zickzackkurs zurück. Als die Busgruppe Amerikaner und auch wir wieder oben sind, schließt er ab. Wir sind uns sicher, dass er heimlich durchgezählt hat. Damit niemand verloren geht.

WENN MAN SCHON MAL HIER IST:

Wer ein paar Meter die Straße stadteinwärts geht, findet auf der gegenüberliegenden Seite der Via Salaria auf Höhe des Zebrastreifens in der Mauer einen Eingang zu dem wunderbar ruhigen Park **Villa Ada** ☐↦. Pensionäre gehen hier mit ihren Hunden spazieren, Jogger drehen auf Kieswegen ihre Runden, Enten paddeln über kleine Teiche. Platz ist genug: Nach der **Villa Doria Pamphilj** (siehe S. 172) ist dieser Park die zweitgrößte Grünanlage der Stadt.

STREET-ART AUF RÖMISCH

EIN GEFÜHRTER MURALES-RUNDGANG IN TORPIGNATTARA

ROM-->

+++ S T E C K B R I E F +++
WO? TORPIGNATTARA. TREFFPUNKT WIRD VEREINBART, ZULETZT IN DER VIA DI ACQUA BULLICANTE 30 +++ STRASSENBAHN ROMA GIARDINETTI AB STAZIONE LAZIALI/VIA GIOLITTI (NEBEN BAHNHOF TERMINI) BIS TORPIGNATTARA ODER METRO C BIS MALATESTA +++ WANN? ZWEIMAL IM MONAT FREITAGS UM 10.30 UHR (IM SOMMER TEILS 9 ODER 9.30 UHR) AUF ENGLISCH +++ WIE LANGE? 2-2.5 STUNDEN +++ WIE VIEL? 10 EURO BEI 7 TEILNEHMERN (MINDESTTEILNEHMERZAHL) ODER 70 EURO FÜR DIE GANZE TOUR (BIS 7 TEILNEHMER) +++ MUROMUSEUM.BLOGSPOT.COM, STICHWORT »DATETOUR« +++ WICHTIG! UNBEDINGT VORHER BEI GIORGIO SILVESTRELLI ANMELDEN UNTER: TOUR@MUROMUSEUM.COM +++

FAMILIENFREUNDLICH

DAS VORORTBÄHNCHEN, in das wir neben dem endlosen, glattgeschliffenen Seitenflügel von Termini einsteigen, ist uralt und nichts für Fußkranke – der steile Einstieg in die Tram erfordert höchste Konzentration und Trittsicherheit für Normalsportliche. Klar, wir hätten auch die supermoderne Metro C nehmen können, aber generell wollen wir lieber was sehen auf unseren Wegen durch Rom. Vorbei an trostlosen Hochhaussiedlungen kommen wir nach 20 Minuten rumpeliger Fahrt in Torpignattara an, einer bunten Vorstadt mit fast 50.000 Einwohnern, einst verrufen bis zur No-go-Area, heute immer mehr Beispiel für gelungene Integration und multikulturelle Identität. Gegründet wurde Torpignattara offiziell 1927, als Mussolini »unliebsame Elemente«, v. a. die verhassten Kommunisten, aus der Innenstadt hierher verbannte.

VOR DER SCUOLA ELEMENTARE Carlo Pisacane in Torpignattara treffen wir uns mit unserem Guide Giorgio. Diese Grundschule, sagt er uns, ist ziemlich wichtig für das Viertel, bringt Kinder, Eltern und Lehrer aus den verschiedensten Ethnien zusammen – Einwanderer aus China, Indien, Bangladesch und natürlich Römer. Gleich um die Ecke ein paar Meter den Berg hoch stehen wir dann unvermittelt vor einer eindrucksvollen Eule an der Wand. Ein Stencil des Künstlers *Diavù*. Seinem Namen begegnen wir im Laufe unserer Führung noch öfter, er ist Gründer des stadtviertelübergreifenden Museo di Urban Art di Roma (M.U.Ro.) mit seinen großflächige Murales, die zuerst in den Straßen von Quadraro, nun zunehmend auch in Torpignattara die Hauswände schmücken.

Über 350 dieser offiziellen Murales gibt es in Rom, nicht nur hier im Südosten, sondern über die ganze Stadt verteilt. Unterstützt werden die Street-Artists von der Stadtverwaltung, aber auch durch Crowdfunding und manchmal einfach durch ein Gästebett bei den Leuten von M.U.Ro. Rom, erzählt uns Giorgio, ist auch bei international bekannteren Künstlern ein beliebtes Pflaster: In einer Stadt, in der Michelangelo und Raffael Wände angemalt haben, selbst eine Wand anzumalen – das hat schon was.

WIR MERKEN SEHR SCHNELL: Ohne Giorgios Erklärungen haben wir wenig bis keine Ahnung von dem, was wir sehen. Pier Paolo Pasolini erkennen wir, und die römische Schauspielikone Anna Magnani in den Wandnischen des alten Cinema Impero – eine Hommage von David Vecchiato, aka *Diavù* – und ein paar Straßen weiter bei genauerem Hinsehen auch Rodins *Denker* auf Duchamps *Urinal*. Vieles andere nicht. Dass bei Jef Aerosols *Tom Sawyer* die Wand für den typischen roten Pfeil zu kurz war, hätten wir genauso wenig gesehen wie Nicola Verlatos riesige Hostia anlässlich des 50. Todestages von Pasolini. Die sehr römischen Katzen des französischen Künstlers *C215* kommen uns da schon vertrauter vor; wie passend, über 100.000 (!) sollen ja auf den Straßen der Stadt leben. Von Sten Lex, den Pionieren der Street-Art in Rom, sehen wir hier jedoch nichts, sie sind in anderen Vierteln zu finden, alle übrigens außerhalb des historischen Zentrums. »Street-Art is a movement«, gibt uns Giorgio zum Abschied noch mit auf den Weg, und dabei auch vergänglich: Wind und Wetter ausgesetzt, von der Wand blätternd und vielleicht irgendwann auch abgerissen. Eben in Bewegung.

WENN MAN SCHON MAL HIER IST:
Von Torpignattara ist es nur ein kurzer Spaziergang Richtung Norden nach **Pigneto** ☐→, einem lebhaften und alternativen Viertel mit zahlreichen Geschäften, Cafés, Restaurants usw., in dem auch das römische Nachtleben tobt (siehe S. 208). Verbindungen in die Innenstadt mit Metro C.

ÄSTHETIK-VORSTELLUNGEN DES FASCHISMUS

EIN STREIFZUG DURCH EUR

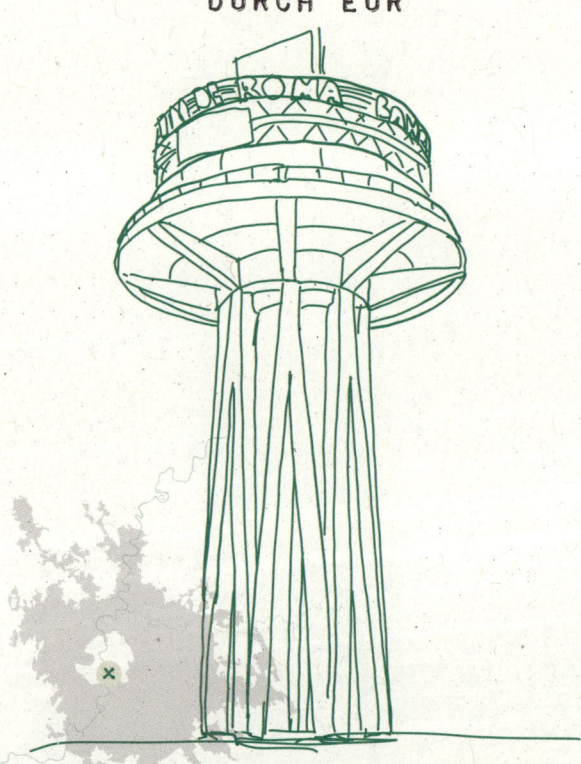

+++ **STECKBRIEF** +++
WO? EUR +++ START: METRO B EUR MAGLIANA.
ZIEL: METRO B EUR PALASPORT ODER EUR FERMI
+++ WANN? JEDERZEIT TAGSÜBER +++ WIE LANGE?
ETWA 2 STUNDEN +++ WIE VIEL? KOSTENLOS +++

220 KOSTENLOS

GENUG ANTIKE in den letzten Tagen? Hochbarock-Overload? Und die Postmoderne nervt eh? Wie wäre es zur Abwechslung mit ein bisschen Fascho-Architektur? Scherz! Aber eigenartig ist sie schon, die Faszination, die von EUR ausgeht. EUR, gesprochen »e: ur«, ist die Abkürzung für Esposizione Universale di Roma. Von der Metro kommend treten wir aus einer dunklen Unterführung, und plötzlich ist alles sehr aufgeräumt. Die Gebäude in Reih und Glied, strukturiert und hell, geschäftige Menschen eilen in Kostüm und Anzug an blühenden Rabatten und sprudelnden Brunnen vorbei. Sogar die Autos parken ordentlich. EUR ist der mit Sicherheit unrömischste Stadtteil Roms. Ab 1938 auf der grünen Wiese hochgezogen, hätte EUR – nach Mussolinis Willen – 1942 Schauplatz der Weltausstellung sein sollen. Doch die Welt fand sich dort nicht zusammen, sie versank 1942 im Weltkrieg.

ALS EINES DER ERSTEN GEBÄUDE des Viertels im faschistischen Stil war der Palazzo della Civiltà Italiana entstanden. Der kolossale Würfel mit gleichförmiger Arkadenfront, heute Sitz des Modegiganten Fendi, wird von den Römern treffend »colosseo quadrato« genannt. Von hier aus spazieren wir den Viale della Civiltà del Lavoro hinab, treffen auf die Hauptachse EURs, die zehnspurige Via Cristoforo Colombo, und gelangen zur Piazza Marconi mit dem modernen Obelisken.

So weit das Auge reicht: kerzengerade, breite Alleen, monumentale Palazzi, riesige Säulen, sauber sortiert, Gigantomanie vom Reißbrett, eine aus faschistischer Sicht idealisierte Antike für den »modernen« Menschen. Machen wir uns nichts vor: Breite Alleen schlug schon Napoleon durch Altstädte – auf ihnen lassen sich Armeen schön effizient hineinschicken, um etwaige Aufstände zu ersticken. Die überbreiten Straßenzüge eignen sich vortrefflich für Panzer und militärische Paraden, nicht jedoch für Straßenfeste der Nachbarschaft. Und die ganze Monumentalität hat natürlich auch den Zweck, dass sich das Individuum klein fühlt, klitzeklein, und sich somit willfährig in die Masse fügt, die dem Duce bereitwillig folgt.

DANN DOCH WIEDER Postmoderne: Wir schlendern weiter die Via Cristoforo Colombo hinunter und versuchen erfolglos, den endlosen Verkehr zu ignorieren, als das imposante Kongresszentrum vor uns auftaucht. Ein riesiger Glaskasten mit einer Wolke darin – und so heißt der Bau des römischen Architekten Massimiliano Fuksas auch: La Nuvola, die Wolke. Ziemlich cool, aber leider nicht zu besichtigen (außer bei Messe). Schließlich teilt sich die Via Cristoforo Colombo und schlägt sich über einen See. Das ist EUR: Sogar die Uferlinien des Lago dell'EUR sind kerzengrade, wie mit dem Lineal gezogen. Gegenüber erhebt sich zum Kontrast kreisrund, wir gehen schon darauf zu, der Palazzo dello Sport, der für die Olympischen Sommerspiele 1960 errichtet wurde. Wir aber haben Il Fungo (siehe S. 237) im Visier, ein Ufo auf Stelzen, das ein in jeglicher Hinsicht gehobenes und panoramareiches Restaurant beherbergt. So hat man sich wohl früher die Zukunft vorgestellt. Und während wir ein ziemlich gutes Mittagessen und die Aussicht genießen, müssen wir uns auch nicht mehr klein fühlen, denn von hier oben sieht EUR aus wie eine Spielzeugstadt.

WENN MAN SCHON MAL **HIER IST**:

Durch die städtebauliche Antithese zu EUR kann man spazieren, wenn man auf dem Weg dorthin drei Stationen vorher aus der Metro B aussteigt: **Garbatella**. In Metronähe noch ein ganz normaler römischer Stadtteil, gerät man, wenn die Straßenzüge krumm werden, unvermittelt in eine geradezu ländliche Ruhe. Die oft bemühte Formulierung vom »römischen Dorf« trifft die Atmosphäre des eher linksalternativen Stadtteils ziemlich gut □→.

DIE STADT DER ILLUSIONEN

EIN BESUCH IN DER FILMSTADT CINECITTÀ

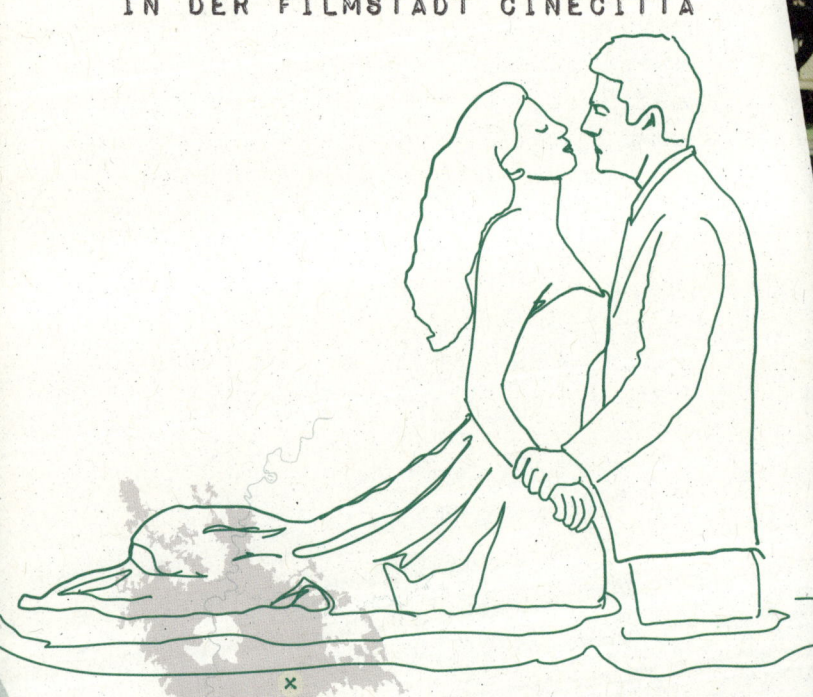

+++ **STECKBRIEF** +++
WO? VIA TUSCOLANA 1055 +++ METRO A CINECITTÀ +++ WANN? MI-MO UM 11.30 UHR UND 15.15 UHR ENGLISCHSPRACHIGE FÜHRUNGEN (ANSONSTEN AUF ITALIENISCH). DI GESCHLOSSEN +++ CINECITTASIMO STRA.IT +++ WIE LANGE? KNAPP EINE STUNDE +++ WIE VIEL? 15 EURO, ERMÄSSIGT 10 EURO. KINDER 6-12 JAHRE 5 EURO. FAMILIENTICKET 35 EURO +++

RUND 40 MINUTEN langweilige U-Bahn-Fahrt liegen hinter uns, als wir an der Station Cinecittà wieder ans Tageslicht gespuckt werden und unvermittelt vor dem Eingang zur riesigen Filmstadt in Roms südöstlicher Suburbia stehen. Ein erstaunlich grünes, gepflegtes Gelände mit schattenspendenden Pinien, dazu der Sound von Rasenmäher, Schulklassen und den landenden Fliegern des nahen Aeroporto Ciampino. 22 Filmstudios (eigentlich nur 21, denn die italienische Unglückszahl 17 wurde ausgelassen) beherbergt die 40 Hektar große »Kinostadt«, 1937 im Auftrag von Benito Mussolini errichtet, der hier vor allem eins wollte: Propagandafilme am laufenden Band drehen. Die goldenen Zeiten der Cinecittà kamen später, in den 1950er- und -60er Jahren, als Hollywood mit all seinen damaligen Superstars an den Tiber zog.

»IT'S ALL ABOUT Money in Cinecittà«, erklärt unsere junge Führerin, während sie das Tor zu den Studios sorgfältig wieder hinter uns verschließt. Wer das nötige Kapital hat, kann Kulissen abreißen lassen und neu bauen, Außengelände oder Studios fluten oder komplett umbauen. Aber die meisten haben eben nicht das große Kapital, und so wird Assisi zu Zeiten des heiligen Franziskus mit ein paar Veränderungen schnell mal zum Florenz des 15. Jahrhunderts. Doch erst mal geht's zum Heiligtum: zu Studio 5, dem größten und wichtigsten aller Filmstudios von Cinecittà – ein beige-brauner Funktionsbau, schon leicht abgeblättert wie alle anderen Studios des Geländes auch, von Mythos keine Spur. Doch hier, erzählt uns unsere Guida, entstanden weite Teile von Federico Fellinis *La Dolce Vita*, und später ließ er für seinen *Casanova* das geflutete Studio zum Canal Grande mutieren. Für Nanni Morettis *Habemus Papam* wurde dagegen die komplette Sixtinische Kapelle nachgebildet. Heute entstehen im Teatro 5 hauptsächlich Fernsehshows. Fellini übrigens, der ewige Großmeister des italienischen Kinos, hatte sich im Anbau an Studio 5 eine kleine Wohnung eingerichtet: der Ort, den er jederzeit London, Paris oder auch Rom vorziehen würde, wie auf einer Inschrift zu lesen ist.

BEIM BEGEHEN DER AUSSENSETS sind dann etliche »Ahs« und »Ohs« von unserer Gruppe – hauptsächlich ältere Amerikaner, Engländer und Franzosen, darunter einige echte Filmfreaks – zu hören, besonders, als wir die Anlage zur BBC-Serie *Rome* betreten. Am Objekt erfahren wir, dass diese antike Stadt zum Teil perspektivisch, also nach hinten kleiner, konstruiert wurde, dass die Tempel aus Fiberglas mit entsprechender Beschichtung und Bemalung bestehen – der Klopftest ergibt: völlig hohl! – und dass der uralte römische Straßenbelag nur sieben verschiedene Steinmodelle benötigt, die sich ständig wiederholen. Dass beim Film mit allen möglichen Tricks gearbeitet wird, um Illusionen zu erzeugen, wussten wir, aber hier wird es wirklich greifbar.

Wie ihr als Römerin denn *Rome* gefallen habe, wollen wir von unserer Guida auf dem Weg zurück zum Tor wissen. Ausweichendes Lächeln und Schulterzucken, dann rückt sie heraus: *Rome* war in Rom – und ganz Italien – ein ziemlicher Flop. Wer im echten Rom inmitten der antiken Ruinen und Bauwerke lebt, braucht wahrscheinlich kein Film-Rom aus Fiberglas.

WENN MAN SCHON MAL HIER IST:

Unbedingt auch das Filmmuseum anschauen! Die Dauerausstellung **Cinecittà si mostra** ⇨ unternimmt einen Streifzug durch Italiens Filmgeschichte seit 1937: Wir bestaunen das Ballkleid, das Claudia Cardinale in Viscontis *Leopard* (1963) trug, wie auch technisches Equipment aus der Frühzeit der Filmstadt. Und vor dem »Green Screen« und als Sprecher werden wir sogar selbst zum Akteur! Mit Caffè und Bookshop (Mi–Mo 9.30–18.30 Uhr, Einlass bis 16.30 Uhr).

ALLE WEGE FÜHREN NACH ROM

RADTOUR IM PARCO DEGLI ACQUEDOTTI UND AUF DER APPIA ANTICA

+++ S T E C K B R I E F +++
WO? PARCO DEGLI ACQUEDOTTI. START BEIM FAHRRADVERLEIH FUORI DI RUOTA IN DER VIA LEMONIA 31 +++ METRO A LUCIO SESTIO +++ WANN? NACH BELIEBEN +++ WIE LANGE? ZWISCHEN EINEM HALBEN UND EINEM GANZEN TAG +++ WIE VIEL? FAHRRAD 3 EURO/STUNDE, 12 EURO/TAG +++ TEL. 339/7675181 +++ FACEBOOK.COM/FUORIDIRUOTA +++ WICHTIG! SICHERHEITSHALBER FAHRRÄDER TELEFONISCH VORBESTELLEN! +++

GÜNSTIG, FAMILIENFREUNDLICH

WIR STEHEN IM STAU. Eine Herde Schafe und Ziegen hat es überhaupt nicht eilig, sich auf die Weide zu bequemen. Auch die beiden »maremmani abruzzesi«, die stattlichen Schutzhunde, um die jeder Apenninwolf schlauerweise einen großen Bogen machen würde, trotten gemächlich mit, während die Hütehunde sich redlich mühen, die Herde zusammenzuhalten. Eben standen wir mit unseren Fahrrädern noch an der brutal befahrenen Via Appia Nuova, jetzt finden wir uns unvermittelt inmitten eines ländlichen Idylls wieder. Und eben inmitten eines entspannten Staus.

Aber von Anfang an: Wir waren spät dran. Nachdem wir an diesem schönen Frühsommertag beschlossen hatten, zur Abwechslung eine Radtour zu unternehmen, kamen wir zu spät zu unserer Verabredung mit Fuori di Ruota. Aber Valerio, unser Fahrradvermieter, saß gerade ohnehin im Café, und als er am Treffpunkt erschien, winkte er ab, nur kein Stress, und stellte uns die Fahrräder hin.

ROM IST KEINE STADT FÜR RADLER.

Vor allem nicht im Centro Storico. Zu hektisch der Verkehr, zu hubbelig der Untergrund, das fiese römische Kopfsteinpflaster, bekannt als »Sanpietrini«. Radwege? Meistens Fehlanzeige. Also sind wir ein wenig mit der Metro rausgefahren und haben uns im Parco degli Acquedotti aufs Rad geschwungen.

Die großzügige Grünanlage wird auch »Park der sieben Aquädukte« genannt, und tatsächlich sind eindrucksvolle Überreste der historischen Wasserversorgung Roms erhalten. Sechs der elf technischen Wunderwerke, die die antike Millionenstadt und ihre Thermen mit Wasser versorgten, plätscherten durch diese Gegend. Das siebte Aquädukt, Acqua Felice, stammt aus der Renaissance. Wir radeln auf einfachen, aber guten Wegen, die wir uns mit den Spaziergängern teilen. Die Ruinen ragen vereinzelt auf gepflegten grünen Wiesen empor und ziehen sich in langen Arkadenbändern an Pinienhainen, einem Bächlein und blühenden Gärten vorbei. Viel ist nicht los. Ein paar Spaziergänger, ein paar Jogger, ein paar bolzende Kinder. Hier hält jemand unter einer hohen Pinie Siesta, dort nutzt ein Hochzeitspaar die wuchtigen Wasserleitungen als Fotokulisse. Wir biegen beim Golfplatz rechts ab und verlassen den hübschen Park der Aquädukte.

KURZ DARAUF QUEREN WIR die absolut verrückt befahrene Via Appia Nuova an einer Ampel, pedalieren über die Via Appia Pignatelli Richtung Via Appia Antica (beim Appia Country Club links rein, nicht abschrecken lassen: sieht aus wie eine Zufahrt) und werden von besagtem Stau ausgebremst. Aber wir haben es längst nicht mehr eilig. Wozu auch? Gemächlich radeln wir schließlich auf der Via Appia Antica stadtauswärts. Rechts und links flankieren Pinien und Zypressen die Regina Viarum, die »Königin« all der Straßen, die sprichwörtlich nach Rom führen. Immer wieder sprießen antike Ruinen aus dem üppigen Grün. Ein schier endlos langer Archäologiepark! Das ab 312 v. Chr. verlegte Pflaster der Via Appia Antica verband Rom mit dem Hafen von Brindisi und war eine der wichtigsten Achsen im römischen Straßennetz. Der Untergrund heute ist übrigens weitgehend ebenmäßig und entsprechend gut befahrbar. Nur hin und wieder kommen grob gepflasterte Stellen, über die schon Römersandalen geschlurft sind. Fotogen, wenngleich ziemlich holprig. Aber auch entschleunigend langsam. Und so kommen wir nicht nur beim Abholen, sondern auch bei der Rückgabe unserer Räder zu spät ...

WENN MAN SCHON MAL HIER IST:

Hat man sich bei der Radtour auf der Via Appia stadteinwärts gehalten, empfiehlt sich natürlich neben dem Besuch z. B. der **Calixtus-Katakomben** ⟶ (catacombe.roma.it) auch die Einkehr in eine Trattoria entlang der Mutter aller Straßen. Zum Beispiel im urigen **Qui nun se more mai** (siehe S. 237). Übrigens gab es schon zu Zeiten des Römischen Reiches eine gastronomische Infrastruktur: Etwa alle 15 Kilometer standen Wirtshäuser zum Stärken, Nächtigen, Pferdewechseln.

WENN MAN SCHON MAL AUSSERHALB DER STADTMAUERN IST

+++ SEHEN +++
+++ ESSEN +++
+++ AUSGEHEN +++
+++ SHOPPEN +++
+++ SCHLAFEN +++

+++++++++++++++++ SEHEN +++++++++++++++++

KIRCHE DOMINE QUO VADIS

Die Kirche am Anfang der Via Appia Antica heißt eigentlich Santa Maria in Palmis – sagt aber keiner. Hier nämlich soll Jesus dem fliehenden Petrus erschienen sein. »Quo vadis, Domine?«, fragte Petrus (»Wohin gehst du, Herr?«), und Jesus antwortete: »Nach Rom, um mich erneut kreuzigen zu lassen.« In der Kirche sind die Fußabdrücke Jesu zu sehen. Jesus hatte übrigens ziemlich große Füße, etwa Schuhgröße 44 …

+++ VIA APPIA ANTICA 51 +++ BUS 160/714 COLOMBO/CIRCONVALLAZIONE OSTIENSE +++ TÄGL. 8-19 UHR +++

MUSEO MACRO

In dem umgebauten Komplex der ehemaligen Peroni-Brauerei in Salario ist das Museo d'Arte Contemporanea di Roma, kurz: MACRO, untergebracht: Auf drei Stockwerken bietet es reichlich Raum für wechselnde Ausstellungen zeitgenössischer Kunst. Integriert ist eine Sektion zum Thema Architektur, angeschlossen sind Bibliothek und Buchladen, Café und Restaurant.

+++ VIA NIZZA 138 +++ TRAM 3 UND 19 BIS VIALE REGINA MARGHERITA +++ DO-SO 10-20 UHR, SA BIS 22 UHR +++ MUSEOMACRO.IT +++

QUARTIERE COPPEDÈ

Der Architekt Gino Coppedè gab dem Viertel, das 1913 bis 1926 entstand, seinen Namen und das verspielt vielgestaltige Erscheinungsbild. Um die **Piazza Mincio** mit dem Froschbrunnen und der Feenvilla am Eck ziert ein wilder Mix aus Jugendstil (italienisch »Stile Liberty«) mit orientalischen, gotischen oder auch barocken Elementen die Erker und Balkönchen, Ziersäulen und Fensterbögen der Fassaden.

+++ PIAZZA BUENOS AIRES +++ TRAM 3 UND 19 BUENOS AIRES +++

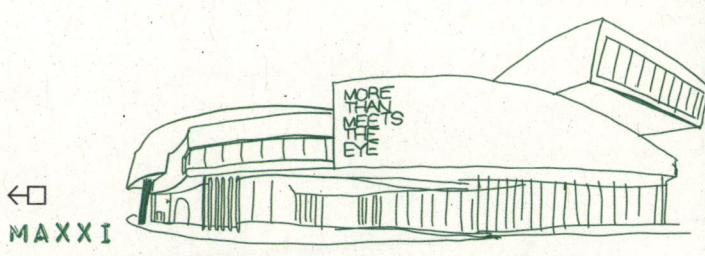

MAXXI

Das im Stadtteil Flaminio gelegene Gebäude ist ein Meisterwerk der britischen Stararchitektin Zaha Hadid. Darin untergebracht: das Museo Nazionale delle Arti del XXI Secolo, kurz MAXXI. Treppauf, treppab verteilen sich die Räumlichkeiten, die wechselnden Ausstellungen zeitgenössischer Kunst und modernen Designs auch architektonisch ein angemessenes Ambiente verleihen.

+++ VIA GUIDO RENI 4A +++ TRAM 2 FLAMINIA/RENI +++ DI-SO 11-19 UHR +++ EINTRITT 12 EURO, ERMÄSSIGT 9 EURO +++ MAXXI.ART +++

PONTE MILVIO

Die Mutter aller Liebesschlösser-Brücken. Über die Milvische Brücke näherte man sich schon zu Zeiten der römischen Republik der damals noch jungen Ewigen Stadt. Auch heute sind die mittleren Bögen im Kern antik – und ächzen unter der modernen Last: Eine italienische Teenie-Schmonzette nämlich löste am Ponte Milvio den weltweit grassierenden Liebesschlösser-Wahnsinn aus.

+++ TIBERBRÜCKE +++ TRAM 2 PINTURICCHIO +++

IL FUNGO

Quattordicesimo Piano: Im 14. Stock des Fungo, des Pilzes, wie dieser Turm genannt wird, gibt es gehobene Küche (Hauptgerichte 23–28 Euro) in tadellosem Ambiente – und eine fantastische Aussicht über den Stadtteil EUR.

+++ PIAZZA PAKISTAN 1 +++ METRO B EUR PALASPORT +++ MO-FR 12.30-15 UHR UND 19.30-23 UHR. SA NUR ABENDS. SO NUR MITTAGS +++ 06/5921433 +++ RISTORANTEILFUNGO.IT +++

NECCI DAL 1924

Pasolinis Lieblingskneipe im Pigneto ist natürlich keine Nachbarschaftstrattoria im Arbeiterviertel mehr, sondern ein trendiges Café-Ristorante mit wunderhübschem Garten (lauschig auch zum Frühstück) und guter Küche zu mittleren Preisen.

+++ VIA FANFULLA DA LODI 68 +++ METRO C LODI +++ TÄGL. 8-1 UHR +++ 06/97601552 +++ NECCI1924.COM +++

POMMIDORO

Auch hier war Pasolini Stammgast. Die altehrwürdige Trattoria im Viertel San Lorenzo bietet bodenständige römische Küche zu leicht gehobenen Preisen.

+++ PIAZZA DEI SANNITI 44 +++ BUS 71 TIBURTINA/MARRUCINI +++ MO-SA 13-15.30 UHR UND 20-23.30 UHR +++ 06/4452692 +++

QUI NUN SE MORE MAI

Uriges Grillrestaurant an der Via Appia. Der Name heißt übersetzt: »Hier stirbt man nie« – ein verwegenes Motto, angesichts der umliegenden Katakomben.

+++ VIA APPIA ANTICA 198 +++ METRO A COLLI ALBANI. DANN BUS 660 BIS ENDHALTESTELLE +++ DI-SA 12.30-23.45 UHR. SO 12.30-15 UHR +++

++++++++++++ AUSGEHEN ++++++++++++

PIPER CLUB □↑

Seit den späten 1960ern eine römische Nachtclub-Legende. Heute wird hier natürlich nicht mehr mit Schlips und Petticoat gefeiert.

+++ VIA TAGLIAMENTO 9 +++ TRAM 3/19 BUENOS AIRES +++ MI-SO 21-5 UHR +++ PIPERCLUB.IT +++

AUDITORIUM PARCO DELLA MUSICA

Im Norden der Stadt liegt Roms großer, von Renzo Piano entworfener Konzerthallenkomplex samt Freilichtbühne für Sommerevents: Klassik, Jazz, Rock, Pop und vieles mehr.

+++ VIALE PIETRO DE COUBERTIN 10 +++ TRAM 2 MANCINI +++ AUDITORIUM.COM +++

++++++++++++ SHOPPEN ++++++++++++

SAID

Traditionsreiche Schokoladenmanufaktur in San Lorenzo. Auch stylishes Café-Restaurant (Dessert nicht vergessen!).

+++ VIA TIBURTINA 135 +++ BUS 71 TIBURTINA/ MARRUCINI +++ MO-DO 12-15.30 UHR UND 18-0.30 UHR. FR 12-15.30 UHR UND 18-1.30 UHR. SA 19-1.30 UHR +++ SAID.IT +++

ATELIER ASPEFICIO – MYRIAMB

Mode und Schmuck, beides recht ausgefallen, gibt es in diesem freundlichen Geschäft bei der Piazza dei Sanniti im alternativen Stadtteil San Lorenzo.

+++ VIA DEGLI AUSONI 7 +++ BUS 71 TIBURTINA/MARRUCINI +++ DI–SA 11.30–13.30 UHR UND 16–20 UHR, MO NUR 16–20 UHR +++ MYRIAMB.IT +++

+++++++++++ SCHLAFEN +++++++++++

ROME CAVALIERI WALDORF ASTORIA

Dank der Lage am Monte Mario einzigartiger Blick über die Stadt. Dazu ein herrlicher Garten mit Pinien und Pool, Luxus-Spa und sogar eine eigene Kunstsammlung. Zweifellos eine der Topadressen der Stadt (samt 3-Sterne-Restaurant von Heinz Beck). Aber der Luxus hat natürlich seinen Preis. DZ (wenn man Glück hat) ab ca. 300 Euro.

+++ VIA CADLOLO 101 +++ METRO A CIPRO +++ 06/35091 +++ WALDORFASTORIA3.HILTON.COM +++

B & B VILLA PAGANINI

Hübsches kleines Bed and Breakfast im Stadtteil Trieste in der Nähe der Villa Torlonia. Nur drei stilvoll gestaltete Zimmer. DZ 90–100 Euro.

+++ VIA DELLE ISOLE 8 +++ BUS 60 VILLA TORLONIA +++ 389/0005162 (ENGLISCH) ODER 333/4853634 (ITALIENISCH) +++ VILLAPAGANINI88.IT +++

DANKE: GANZ HERZLICH BEDANKEN WIR UNS BEI DEN VIELEN RÖMERINNEN UND RÖMERN, DIE UNS MIT FREUNDLICHER GEDULD BEI DER ARBEIT AN DIESEM BUCH UNTERSTÜTZT HABEN. AUCH FÜR DIE UNKOMPLIZIERT ERTEILTEN FOTOFREIGABEN BZW. DIE FREUNDLICHE BEREITSTELLUNG VON FOTOS EIN GANZ HERZLICHES DANKESCHÖN AN: DIE GALLERIA DORIA PAMPHILJ (O. MARINI CLARELLI), DEN PALAZZO CORSINI (MARIA BONMASSAR), DIE FONDAZIONE GIORGIO E ISA DE CHIRICO (FRANCESCA PICOZZA) UND LUCE CINECITTÀ (VALENTINA NERI). DARÜBER HINAUS BEDANKEN WIR UNS BEI ALLEN, DIE BEI DER ENTSTEHUNG DIESES BUCHES MITGEWIRKT HABEN.

FOTOS: Alle von Sabine Becht und Sven Talaron, außer: Coverfoto: Rawf8; 12/13, 29: Sophie Botta; 167: Galleria Corsini © Alberto Novelli; 225: Cinecittà, Venusia © ErmaProduction; 227: Cinecittà, Costumi Gattopardo © Andrea Martella; Cover/hintere Innenklappe (2): Alex Lipp

IMPRESSUM: Text und Recherche: Sabine Becht, Sven Talaron; Herausgeberschaft und Redaktion: Matthias Kröner; grafisches Konzept, Layout und Covergestaltung: Berit Kröner; Illustrationen: Mirja Schellbach; Lektorat: Dr. Felicitas Igel; Korrektorat: Eva Wagner; Druck: Westermann Druck Zwickau GmbH

ISBN 978-3-95654-828-4

© Copyright Michael Müller Verlag GmbH, Erlangen 2020. Alle Rechte vorbehalten. Alle Angaben ohne Gewähr.

Die in diesem Reisebuch enthaltenen Informationen wurden von den Autoren nach bestem Wissen erstellt und von ihnen und dem Verlag mit größtmöglicher Sorgfalt überprüft. Dennoch sind, wie wir im Sinne des Produkthaftungsrechts betonen müssen, inhaltliche Fehler nicht mit Gewissheit auszuschließen. Daher erfolgen die Angaben ohne jegliche Verpflichtung oder Garantie der Autoren bzw. des Verlags. Autoren und Verlag übernehmen keinerlei Verantwortung bzw. Haftung für mögliche Unstimmigkeiten. Wir bitten um Verständnis und sind jederzeit für Anregungen und Verbesserungsvorschläge dankbar.